# 是你把問題想得太複雜

# Stop Guessing

THE 9 BEHAVIORS OF GREAT PROBLEM SOLVERS

納特·葛林 NAT GREENE 著
徐慶雯 譯

鎖定目標精準解決問題
培養一流的洞察力與思考力

積木文化

# 是你把問題想得太複雜
## 鎖定目標精準解決問題，培養一流的洞察力與思考力

原文書名　Stop Guessing
作　者　Nat Greene
譯　者　徐慶雯

總編輯　王秀婷
主　編　廖怡茜
版　權　向艷宇、張成慧
行銷業務　黃明雪、陳彥儒

發行人　凃玉雲
出　版　積木文化
104 台北市民生東路二段 141 號 5 樓
電話：(02) 2500-7696 ｜傳真：(02) 2500-1953
官方部落格：www.cubepress.com.tw
讀者服務信箱：service_cube@hmg.com.tw
發　行　英屬蓋曼群島商家庭傳媒股份有限公司城邦分公司
台北市民生東路二段 141 號 11 樓
讀者服務專線：(02)25007718-9 ｜ 24 小時傳真專線：(02)25001990-1
服務時間：週一至週五 09:30-12:00、13:30-17:00
郵撥：19863813 ｜戶名：書虫股份有限公司
網站：城邦讀書花園｜網址：www.cite.com.tw
香港發行所 城邦（香港）出版集團有限公司
香港灣仔駱克道 193 號東超商業中心 1 樓
電話：+852-25086231 ｜傳真：+852-25789337
電子信箱：hkcite@biznetvigator.com
馬新發行所 城邦（馬新）出版集團 Cite（M） Sdn Bhd
41, Jalan Radin Anum, Bandar Baru Sri Petaling, 57000 Kuala Lumpur, Malaysia.
電話：(603) 90578822 ｜傳真：(603) 90576622
電子信箱：cite@cite.com.my

國家圖書館出版品預行編目（CIP）資料

是你把問題想得太複雜：鎖定目標精準解決問題，培養一流的洞察力與思考力／ Nat Greene 著；徐慶雯譯 . -- 初版 . -- 臺北市：積木文化出版：家庭傳媒城邦分公司發行 , 2018.05
面；　公分
譯自：Stop guessing: the 9 behaviors of great problem solvers
ISBN 978-986-459-132-9（平裝）

1. 思考 2. 思維方法

176.4　　107005071



封面設計　陳奉懌
內頁排版　薛美惠
製版印刷　中原造像股份有限公司

2018 年 5 月 1 日　初版一刷
售　價／ NT$320
ISBN 978-986-459-132-9

# 目錄

# 各界推薦

在職場工作的人都知道，解決問題的能力很重要，可是為什麼經常會被主管罵：「你今天有沒有帶腦袋來？」明明自己用了腦的。那麼你一定要看本書！它會告訴你，在解決問題時，你的大腦有多麼懶！

——洪雪珍，職場作家

要成為未來職場與商場贏家，最重要的是要擁有能快速有效解決問題的能力，而非只靠豐富工作經驗或好看的學歷證書！

——陳其華，卓群顧問有限公司首席顧問

這是本迷人的書，乾脆俐落地掌握了有效解決問題的核心要則。閱讀這本書讓我想起我所養成的一些壞習慣。我推薦本書給每位工程師（還有已婚人士與父母）！

——桑傑．薩瑪（Sanjay Sarma），

麻省理工學院（Massachusetts Institute of Technology）

機械工程學教授暨開放學習課程副校長

納特的方法很管用——在我忝任領導的多家公司中已多次經實際行動證明了這點。

——葛瑞格．坦納（Gregg Tanner），迪安食品公司（Dean Foods）執行長

如何認識你的真正難題，找到簡單、做得到又確實有效的解決辦法，納特・格林提供了一條不同的途徑。我衷心推薦本書！

——傑絲・林・史托納（Jesse Lyn Stoner），
《願景的力量》（*Full Steam Ahead!*）共同作者，
「合作式領導海角中心」（Seapoint Center of Collaborative Leadership）創辦人

本書呈現了處理困難問題的一種途徑。它不是一本依步驟操作的書，而是確證一套核心基礎行為，能夠用以成功破解無法單靠猜測來解決的問題。這套行為並不難學會，但在處理艱難挑戰時卻不可或缺。不，你不會因而施展奇蹟，但有些人可能會覺得那是奇蹟！本書現在已列入我開給所有學生的書單中，它能讓他們在未來職涯中更有效率。

——瑪爾坎・麥庫洛（Malcolm McCulloch），
牛津大學（Oxford University）工程學教授

我推薦本書給每個需要處理商業問題的人。這套方法應能幫助讀者以精省的力氣迅速得出正確解答。

——提姆・瑞吉曼（Tim Ridgman），
劍橋大學（University of Cambridge）製造工程學院課程總監

我認識納特十五年了，知道他一向對解決問題深懷熱忱，尤其是那些困難未解的問題。在本書中他提出一種可貴的理想與力量，借著人們解決問題的潛能，將我們的人力資源與能力積極恆久地用於化干戈為玉帛。他明確指出阻抗人們擁有與接受解答的因素，以及擁有與接受解答會達成的實際情況。他擁抱可能性的藝術。

——葛瑞格．史密斯（Gregg Smith），沃爾瑪公司
（Wal-Mart Stores Inc.）美國供應鏈執行副總裁

納特創造出真正解決問題的解法，讓我萬分敬佩。很高興他能分出時間將他所知的一切寫成本書與我們分享。

——黛安娜．查普曼（Diana Chapman），
《意識領導的十五項承諾》（*15 Commitments of Conscious Leadership*）共同作者，
「意識領導團體」（Conscious Leadership Group）共同創辦人

生動有力、積極樂觀、完全可行。納特向我們展示了一條健全的途徑，能啟動人們去積極主動且有自信地解決問題。精通這條途徑的讀者能省下時間和金錢，還能提升自尊。

——丹．羅森塔（Dan Rosenthal），
麻州綜合醫院（Massachusetts General Hospital）放射科醫師

如果你喜歡沒完沒了的會議、藉口、盡力而為，甚或只想鞏固現況，去買別本書。如果你想要解決複雜問題，就買這本。——伯納德．薩普卡（Bernard Rzepka），企業執行長

葛林的架構是你錦囊中必備的妙計——無論你是在喜馬拉雅山區與惡劣天候搏鬥，還是在會議室裡對抗惡意收購案。

——帕崔克・史溫尼（Patrick Sweeney），冒險家、科技企業家

本書中描述的各種挑戰，常常在我周遭上演，遍及公司每個階層。你能輕而易舉地將這些行為傳授給人：他們將更能克服所處的困境，獲得成功。

——尼克・基（Nick Gee），全球頂尖銀行總監

納特・葛林藉由分享他豐富的經驗，為我們明確點出問題老是無法解決的原因。我極為推薦本書給需要解決問題的人！

——克雷・胡德（Clay Hood），
北大西洋日用品公司（North Atlantic Consumer Products Company）
供應鏈副總裁（退休）

縱觀歷史，科學不斷揭示人類的心智能力總是遠超出我們所能想像的極限。在這部實用性高的作品中，納特・葛林又把人類能力的疆界往外擴展了，他為我們直接指出如何依據一套明確定義的行為發展出解決問題的強大智能。讀了本書，人人都將能感到自己能力增長，生活大為自在，處處驚喜。

——吉姆・佛倫（Jim Fallon），技術主管與創業家

明確詳實。納特．葛林以他的顧問實務資歷提供了解決日常問題的專家級洞見——他的實用技巧聖經，每位需要停止猜測的忙碌主管皆必讀！

——蘇珊．利文頓（Susan Levington），銀行合夥人

很少有一本書能從根本改變人們看待生活中的困擾的方式，但是這本直白易懂的指南以簡單的步驟增強了我們的能力，得以在與頑強問題搏鬥時避開最常遭遇的陷阱。運用葛林先生的技術，大大小小的問題都能迎刃而解。他的方法絲毫不複雜；只需要持續練習，不走捷徑。我發現自己重獲鼓舞去處理困擾我太多年的問題。

——馬克．安德瑞格（Mark Anderegg），
跨國連鎖幼教機構「小豆苗」（Little Sprouts）執行長

# 序

在人生中，你是否遇過有些事情就是不如你想像的順利？不論是在在家中或是辦公室，總是讓你勞心勞力、耗時燒錢，或備受挫折？

或許是你家的洗碗機沒辦法確實烘乾碗盤，害你必須浪費時間一個個親手擦乾。或是公司產品的生產量不足，難以應付客戶的訂單。或許是公司部門或同事之間協調出了問題，以致你們無法做出好的決策。你也許想要改變自己或他人的壞習慣，例如想要吃得更健康，或者你盼望能解決與同事或伴侶之間的衝突。

有多少次你在公事或私事上試著解決這些難題卻搞不定？或是常常必須花大錢找個權宜方案，還是只能把問題當作日常生活的一部分，忍耐度日？生活中有多少問題顯得太理所當然，以至於你甚至不再意識到它們？

想想看，有種生活是你可以看清周遭的困境，也有信心能解決的。想像你與那些阻礙你發揮潛力的天大難題周旋搏鬥而改善生活、工作與人際關係，因而擁有許多精采的奮鬥史可說。

你可以成為更好的解決問題者。我希望能幫忙釋放你解決問題的潛力，不只是你，還有其他人，這麼一來我們就能共同形成一股強大的改變力量。

## 本書如何幫助你

市面上教人解決問題的書籍數以百計，泰半著重在解決簡單的問題，或提供一套步驟分明（step-by-step）的問題解決法，期望能幫助你在處理較難的問題時逐步進展，就像照著食譜作菜那樣。

烹調一道簡單的菜，或解決一個簡單的問題，像是學做水煮蛋，一套讓你可以機械式地照做的、針對特定任務的步驟指南，效果是立竿見影沒錯。但是你會發現，對於完全外行的烹飪新手，只是塞給他們食譜，也不能期待他們照著做出一道手續複雜的美食。厲害的大廚展現的行為有別於一般廚師，那些舉動讓他們能不斷發明複雜創新的菜色，甚至是以往從沒人想過的料理。

解決問題高手擁有一套特定的行為模式，可適用於最困難的問題——像是那些別人會稱為「不可能」，或就當成自然不可抗力而認命承受的問題。

本書會幫助你了解解決問題高手是採用了哪些行為才能純熟華麗地處理天大難題，無論問題是什麼樣的性質或類別。這些行為放諸四海皆適用，而且能幫助你熟練地使用任何一種你恰巧知道的問題解決法。

## 正確的行為能解決什麼問題？

無論你在日常生活或在工作中做什麼，我敢打賭你都會面臨沒能確切了解與解決的重要問題。如果你能認識到自己其實擁有足以解決問題的強大能力，增進這項能力，運用到身邊棘手的困境上，你便能改變現況。以下列出幾個例子，只要運用正確行為便能解決：

- 居家技術性問題，例如水壓太低、門關不上。
- 工作上的技術性問題，例如重要生產設備失靈或產能不佳、電腦網路出錯、生產品質問題。
- 公司的組織問題，例如員工流動率過高、顧客滿意度過低、物流的困擾。

- 個人健康與行為問題，例如試圖採取能改進健康的新習慣。或許你正想要減重或讓自己身材線條更棒。
- 人際衝突問題，例如兩個互相關心的人正在鬧脾氣冷戰中。
- 社會問題，例如全球貧窮與暴力問題。

我相信在本書中涵括的方法，能適用於所有的難題。我鼓勵你思考生命中的難題，並參照我所分享的故事。期盼你能開始解決難題，將自己的成功經驗加入這些故事中。

本書並不是逐步操作指南，完全相反，本書將會幫助你明白，你如果要成為解決問題高手，需要培育什麼樣的行為。要完全發揮解決問題的潛力，需要練習這些行為，竭盡全力，並且最好能接受堅實的訓練。我從沒發現什麼捷徑或神奇魔法能讓人規避這些；但是，透過練習，你可以完全發揮潛力，將生活和周遭的人推向更好的境地。

# 前言　如何成為解決問題高手

在我們周遭，難題處處可遇。沒解決的問題，滲入我們生活的每一方面，折磨我們，有時我們看得清問題，有時則否。

當沒能解決這些難題時，我們通常學會避開它們、投注金錢或資源於其上，或只是學著與問題共處。這些難題十分頑強，直到我們或我們的組織早就忘了（儘管它們曾經耗費了大把時間和金錢），它們還在。但是這些問題雖然棘手，卻非完全無法克服。它們是可以解決的。

本書將要傳授你解決問題的高明行為。在解決實際的問題——亦即**棘手**的問題時，你需要運用這些行為。如果你願意在面對難題時運用、練習這些行為，你會成為更高明的解決問題者，你身邊每個人的生活也會更幸福。

思考一下你生活與工作中最受挫的幾個情況，在你閱讀本書時將你想要解決的問題放在心上。在工作上你或許正為提升產品市占率傷腦筋，或無法控制部門支出。或許公司的某些流程或一台重要生產設備的績效不佳，你接抱怨電話接到手軟。在家裡，你也許想要上健身房運動但無法持之以恆。也許你跟某位家人起了衝突。也許你只不過是面對一台沒辦法徹底清潔碗盤的洗碗機。不管你想解決什麼問題，思考如何將書中提到的每項行為應用到你的解決行動中。

我迫切地想要協助開發並培育更多優秀的解決問題者。在公司、在私人生活、以及整個社會中，我們當然隨時有困難要解決。看到周遭的人試圖解決問題卻徒勞無功，令我難過。這樣的現象很猖獗，但你不必就此認命。

我發現當我說明時，用來當作案例的問題若是具有較易理解與觀察的物理系統，會更有利於闡明如何解決難題。以下要說的第一個故事，是我最愛的幾個案例之一。

## 一樁奮鬥史：捲筒衛生紙和收縮膜包裝

在我剛開始從事企業顧問這行時，一天早上我站在一家很大的衛生紙工廠中間，在我身後是幾台生產衛生紙的機器，龐大、吵雜、發熱，排排聳立到遠方。機器製造出巨大的衛生紙捲，每一捲的高度超過一般人的身高，寬度更甚。在我前面則是加工作業線，接收巨大的紙捲，轉換成一般尺寸的捲筒衛生紙。

衛生紙捲加工作業已經問世很長一段時間，流程包括將巨大紙捲從造紙機接收過來，把衛生紙「重繞」到細紙管上，接著用一支大得嚇人的鋸刀把這些捲上衛生紙的紙管裁成一小捲一小捲的捲筒衛生紙。品質高級的衛生紙捲會個別用紙包裝起來，封入袋子或箱子裡，等著運送。廉價的產品則多個一起直接塞進一個塑膠袋裡，就像你在超市裡看到的那樣。整個流程十分令人驚異，要是有實況錄影，很值得一看。

那天早上在我面前的是一條製作高級品牌捲筒衛生紙的加工作業線，捲筒衛生紙用高級包裝紙包起來，接著會數個一組用收縮膜打包起來，整包販售。我看著這條作業線，因為它有了大麻煩：出於某些原因，工廠生產量不足。你可能會以為衛生紙是個相當無聊的產業：需求穩定，沒什麼大事。嗯，通常像這類情況，在靠近觀察後，你會發現原來事情很多。

大事件是：行銷與業務已經在市面上成功推出一種全新的量販包裝，不是單包裝、四包裝或十二包裝，而是二十包裝。此款量販包裝大受消費者歡迎，在商店架上搶購一空。可是，供不應求。生產出了問題，幾乎要抵銷市場的成功，而且行銷費用已經花下去了。所以我才會出現在那裡。生意人痛恨錯失任何一筆買賣。

作業線主要的問題在於收縮膜包裝機。它本該分好二十捲衛生紙，用塑膠膜圍住，然後在一條加熱管中讓膜收縮，生產出一個縮緊的塑膠包裝。如果要完成更多包裝，就得讓機器加速——這點顯而易見。但是每個人也都很清楚，這台機器就是沒辦法加速。你一加速，結果產量反而會更少，因為機器不斷失靈。一堆鬆脫的衛生紙捲會飛出機器，伴隨一團團皺巴巴的塑膠膜。有時這會卡住作業線，使得整條線都得關機，讓操作員來清理。

機器的這個問題，工廠裡人盡皆知，人人也都想盡辦法了。收縮膜包裝機供應商的業務代表來來去去，留下購買更新更先進機型的提案。維修人員試了種種方法。工廠內部的技工全都試著修復，生產團隊也試過。大家接受的說法是：把塑膠膜拉去包圍衛生紙捲的機械臂無法動得更快。大家都十分同意無計可施了，他們只能在週末加班生產，盡可能供應二十包裝，直到市場需求下降為止。

購置安裝一台全新收縮膜包裝機的選項也納入考量，做為中程解決法，但仍需要一段時間規畫，且為此需要搬動許多設備。收縮膜包裝機畢竟是嵌在所有加工作業線之中，而且輸送帶遍布四處，忙著傳送各處的紙捲。沒人想要為了更換機器而損失兩三週的產量。工作人員都想不出更好的主意，士氣低落。大家仔細推敲了所有的猜想仍然沒能解決問題，大多數的難題都會把情況推到如此悲慘的境地。

人們遇到問題總是習慣猜測，需要經過訓練，並遵循指導練習來建立技巧，才能超越瞎猜。更重要的是要具備一種行為上的態度，你將會在本書中學到。人們常常不情願借重外人的意見，但也同樣討厭去開每週例行會議，因為在會議上他們會面臨績效不夠好的質問。於是我有了個機會來一窺問題所在。

那些投入這個問題至今的聰明人和專家，他們所練就的種種問題解決法，是依賴經驗或猜測，或兩者兼有。而我練就的是別靠猜測，停止猜測，才是解決問題的真正開端。

我傾聽了每個人對於問題的論點和猜想，然後拋諸腦後，著手研究問題。第一次開始研究的時候，解答並不明顯。這顯然是個更棘手的問題。我更深入些，仔細研究故障，觀察流程的運作，與內部小組詳談以理解技術關鍵，畫出變項樹狀圖（我會在後文說明）理清各種可能的情況。我花了整個早上和大半個下午研究問題，解決之道似乎仍不可及，但有眉目了。

我條理井然地逐一消去樹狀圖上的每個重要變項，最後只留下一個。由於明白了撕裂的固定模式，加上牛頓物理學的知識，我知道在加熱區中，塑膠膜正確

「收縮」之前，**必然**有個不預期的外力作用在塑膠膜上，阻礙了它。儘管如此，在我們清理機器時，並沒有有發現有東西塞在管道中，從側邊觀察機器運作時什麼也看不到（你無法輕易且安全地從上方、下方或從管線一頭觀察）。這的確令人傷透腦筋。

晚上離開前，我和一位值夜班的技工一道重新檢視整個狀況，並請他協助探查最後的部分。我已經排除其他所有變項，只剩下這個神祕外力因素，我們也知道在包裝過程中，在機器的某個特定部位必定有個東西會卡住塑膠膜。但我仍不確定要怎麼觀察到這個神祕力量的「犯案實況」。

我回到旅館，從晚餐時，上床後，隔天早餐，到開車重回工廠的路上，一直反覆思考這個問題。當我一大早進入工廠找那位夜班技工時，他一躍上前迎向我，交給我一個螺栓。問題解決了！我們走向工廠內一塊安靜的地方，他把事情始末告訴我。

昨晚他正在機器附近工作，一件意外冒出來。一些捲筒衛生紙出軌，堵住了一段生產線，他修好，讓作業流程回復順暢。接著他決定讓機器空轉一次，確保在開始跑生產流程前一切都歸正了。要這麼做他得先移除塑膠膜，停止送入捲筒衛生紙。

接著他有了個絕佳的主意：這時正好可以「嗅聞問題」。先前我們觀察過關機時全空的機器，也觀察過運轉中的樣子，但那時機器管道內滿滿是塑膠膜和衛生紙捲。他判斷在機器空轉時可以安全又貼近地觀察機器內部，仔細留意我們認定有怪力來源的區域。

他將機器轉速調高到超出「**轉速不可高於此**」的程度，那道標示是所有操作員都同意的速限。既然現在機器在空轉，他可以好好看清楚該區段，因此他打著手電筒鑽進機器內部。

這些機器非常吵雜，又大幅振動，因為它們有許多大型部件在動。當機器以更高速運轉，造成更激烈的振動時，他看到**一個東西**搖搖晃晃地伸入滑槽。那東西很小，但**絕不是**他的錯覺。他困惑地跪在那兒，同時一小股腎上腺素的分泌又激勵了他的冒險心——這可能就是罪魁禍首！那東西就在對的地方，看起來就像會扯裂塑膠膜。但，那是什麼東西？

他決定再將機器加速，再觀測一遍：它就在那兒，而且更加突出，也抖得很厲害。他再做一個實驗，漸漸把機器速度慢下來，那東西也真的慢慢縮回洞裡。

沒錯，機器高速運轉時產生的振動，會導致那不明物體隨著振動而突出小洞，伸入滑槽，割破收縮膜。

他克制想逃跑的衝動，關掉機器並鎖住出入口，打開不明物體所在的約略位置的嵌板，拿手電筒往裡頭照。在一個水平的洞中，躺著一根鬆脫的螺栓，可能是幾年前例行維修時失手掉落在內的。就這麼簡單，他幾乎不敢相信。

他拿出螺栓，蓋上嵌板，重新空轉一次機器以檢驗，這次沒有任何神祕事物突出來了。他們等著大吃一驚吧。他找來生產部門主管，兩人一起測試機器全速運轉，這次有輸入原料。結果，好幾個小時下來，生產效能卓越。

接下來幾個月中，他們的產量提升了25%以上，足夠應付市場需求。生產部門每週的來電不再怒吼，而是誇獎。這次成功實在振奮人心，使得螺栓反倒成了解決問題強效的象徵。

這件事算是難題，因為它歷經許多試圖解決的行動仍冥頑不化，終至被聲稱為無法解決。這個問題看來簡單，卻也具有複雜的故障模式：塑膠膜每一次都不在一致的位置上，螺栓每一次振動和移動方式都不盡相同，這幾個因素還會隨著機器運轉速度而變。最後，要安全觀察問題有困難，但「一般觀察」又無法直搗核心。我在親自花時間仔細查看找出問題關鍵時知道這點，其他人可能已經花了幾十個鐘頭做過同樣的事。

解決這個問題，除了需要具備我學會的核心解決問題行為，還需要團隊的協助。要順利發現螺栓，我們必須確實知道我們要找的是什麼。我很難想像有誰可以憑猜測就知道機器在運轉到某個速度以上時會有根鬆脫的螺栓振動著突出來作祟。

差別在哪兒？我們不作猜測，而是運用正確的解決問題行為來嚴格測量問題。我們花更多時間在「嗅聞問題」——理解問題本身的症狀並嚴格定義——而非想出原因或解答。我們不向專家索求更多點子或臆測，而是探索移動或撕毀收縮膜的機械力，深究問題背後的基礎科學原理。我們只仰賴能引領我們判斷的事實，只觀察流程中與問題直接相關的部分，來集中焦點。

在本書中，你會學到像這樣能夠解決難題的行為。成千上萬個這樣的問題遍布各行各業、社會的各個角落、你的個人生活中，而且會破壞價值與進步。問題帶來挫折與沮喪。它們一直隱而未現，深藏如一種天生的防衛機制。

## 來解決一些難題吧

首先，我要闡明你將要解決的是哪些類型的問題。當我提到「實際問題」時，我指的是系統或流程上的問題，無論是人為的還是自然形成的。我指的不是哲學層面的問題，像是「愛是什麼」之類。我不單是指複雜的決定，也不是指創新或決策上的問題。我說的問題是指一個系統或一套流程以我們無法預期的方式在運作，而在造成問題的行為解決之後，我們的生活會變得更好。這些問題可能是頑抗不減的腰圍、無預警關機的電腦、無法達到預期目標的公共政策、煩惱重重的人際關係等等。

簡單的問題可能是：你的車突然開始滑行，然後停止，接著你聽到引擎劈啪作響。原來是你太過專心聽廣播而沒發現油箱已經空了。絕大多數的問題屬於這類。你只要運用你很習慣的方法：經驗與直覺，再加上猜測。因為問題多半很簡單，你的種種猜測中總有一個會猜對，因此這種做法既實際又有效率。但是當你嘗試了所能想到的種種立即且明確易見的辦法之後，還是無法解決問題該怎麼辦呢？

**困難**的問題，解答是深藏不露、隱而不彰的。這些問題常存在於複雜的系統或流程中，頑劣抵抗先前種種解決問題的嘗試。我們慣用於簡單問題的思考方式對難題起不了作用。

我將在本書中討論幾個困難問題案例，包括：花費上億美元卻效能不彰的化學加工機、老是輸球卻沒有預算聘請明星球員的棒球隊、非洲撒哈拉以南地區的貧窮災難等。要描述這些難題的細節會非常單調乏味，因此我在本書中盡量扼要說明。（有興趣的讀者，可到以下網址詳閱這些問題的個案研究細節：www.stopguessingbook.com。）

這些案例大部分出自我個人經驗，此外也有我從書中讀到的例子，因此，相較於我擔任企業顧問時、居家生活中，以及以朋友、丈夫與父親身分處理過的種種問題，這些讀到的案例格外重要。

我深信從各種案例中歸納出的這些行為幾乎能夠應用到所有的問題上，我也見到人們應用這些行為在世界各地妥善解決了其他難題的證明。但是為求清楚明確，我將以我最熟悉的案例為主。

## 成為解決問題高手，如何改變你的生活

許多人接受現況，看不見封閉在難題背後的無盡可能。但是綜觀歷史可知，解決人類最艱深的難題，乃經濟、醫療、社會發展之根基。想像一下，有個世界具備了好幾百萬名解決問題高手，隨時待命去解決這些問題。一個能夠高明解決問題的世界，將會在經濟與社會層面對我們每個人產生巨大的影響。

你或許能夠想像，解決了營運、人力資源部門、業務行銷部門和研發部門的問題，能為你的公司增進獲利。不過，當企業解決了公司獲利的障礙後，還能大為提升資源效能：它們會大幅減省原料和能源、燃料、碳消耗，而這對人人都大有幫助。我的一位同事曾經協助一家大企業的工廠將燃料從天然氣改為木柴，因而省下數百萬美元的能源支出，整個轉換過程只花了幾個星期，也沒有增加資本支出。同時，她還減省下大量的石化燃料消耗量，足以抵消我們團隊全體連同我們家人一生的碳排放量。

想像一下，你自己或求助於你的朋友，生活中的不良行為，若是能夠徹底理解並改變，會是什麼情況。假如你有能力理解是什麼原因驅策你暴飲暴食、拖延、

發怒，你便能掌握在你的思考或環境中控制了你的關鍵按鈕，贏得勝利。沒有理解，就只能寄託於希望——而希望並不是策略。

發展出你的解決問題技巧，也能大大改善你的人際關係。到我這個年齡，我有些朋友正面臨嚴重的婚姻問題，甚至正在辦離婚。有些朋友會跟我談，我從中不斷學到的是，他們的婚姻破裂是起因於早在十年前就出現的問題，只是他們不去面對，反之，問題惡化，引發怨恨。等到夫妻終於開始真正對話時，他們已經變得疏遠了。配偶們缺少在這些問題越滾越大之前解決它們的技巧，因此通常喪失處理問題的意願，任由問題演變成無比棘手。有些人是註定不適合在一起，有些人則是隨著時間而變了，但無論人們怎麼決定未來，應用高明的解決問題行為絕對有助益。

當你是解決問題高手時，你能幫助組織或家人做出更好的決定，減少衝突。許多激烈的爭論似乎是源於人們對於最佳行動方針意見不一，而試圖利用社會資本逼使別人信任他們而非對手。改而想像如果你完全理解每種決策是如何對你們都想達成的獲利目標產生效果，也能清楚果決地陳述道理，會是什麼情況。我發現解決問題高手讓意見協調一致這件事變得易如反掌。

這些技巧甚至能幫助你克服他人的偏見。在我二十歲出頭時，我受到最主要的偏見是認為我太年輕，不足以協助公司。人們相信我不夠成熟，經驗也不足，沒什麼價值。我能夠協助公司領導者明白一項高明決策背後的理由，是因為我具有高明的解決問題技巧，而非倚賴充足經驗帶來的「權威性」。於是我沒再被當作沒有經驗、初出茅廬的毛頭小子，而被視為有用的解決問題人才且受到尊重。

## 人們為何無法解決難題

大多數人在試著解決問題時，是用猜的。你可能不相信自己這麼做，但每次當你列出一連串可能的根本原因，或稱「假設」，或任何你在確認為根本原因之前需要檢驗的事物時，你都是在猜測。好消息是，大多數問題都很簡單。我們隨時隨地都在解決問題，甚至沒有意識到自己正在這麼做。人類靠著解決所遇到的大多數問題而發展到現今的七十億人口——其中有些問題很艱困，但大多數很簡單。基於猜測的慣用方法在這些簡單的問題上都能順利運作，但遇上難題就行不通了。

大多數人出錯的地方在於：他們通常將用於簡單問題的同一套猜測法拿來對付難題，因而一敗塗地。那就像是讓你的高中籃球校隊去迎戰有麥可喬登在的芝加哥小牛隊一樣——就是行不通。要想克服難關，就必須將你的技巧提升等級。我想要幫助你了解你所需要的行為，好讓你能像明星球隊那樣漂亮地解決問題。

有些非常簡單的問題解決法，例如「五個為什麼」❶，幫助你在推理時更能聚焦。也有些問題解決法要你照著一頁頁的步驟執行，市面上有許多書在兜售這類方法。然而，要解決困難的問題，不是只具備一套好的問題解決法就行了。想像你只帶著一本說明手冊走進開刀房，儘管這本手冊按部就班將每一道手術化成一個個步驟來指導你。問題顯然在其他情境脈絡：你必須知道實際執行時如何動腦並做決定，以成功完成手術。

同樣地，解決難題時，你需要學會如何在對的情況下運用對的行為，我也發現許多人在被賦予解決難題的重任之前，都未曾學會優秀的解決問題行為。難怪人們總是為難題所困。

有了對的技巧與行為，我們可以解決許多難題，例如慢性疾病、不良習慣、減不掉的體重。我們能解決家中與工作上的技術問題，無論是車子的小故障還是超大規模精煉廠的斷電危機。身為社會的一分子，我們能解決全球性的系統問題，例如許多疾病、經濟危機、暴力、環境汙染。我們的生活與世界可以變得更美好。

毫無疑問，這世界上有許多艱困的難題，不是只靠幾個聰明人去揭露根本原因就能解決的。有些會需要在科技上有高超的創新或發現，有些則需要召集可觀的資源。我常年累月解決難題，但每當有人問我如何為中東帶來和平，我也只能聳肩以對。不過，每個未解的問題**都是**卡在沒有從基礎去理解根本原因，而每一個都需要解決問題高手去突破瓶頸。

要成為解決問題高手，你需要從較簡單的問題開始練習這些行為，運用一套有結構的方法來引導你，並且最好能有位教練給你回饋，當你的諮詢對象。不過最重要的步驟還是要踏出第一步，實際動手解決問題。

你現在和什麼難題共存？哪些問題是你試著處理但無法解決的？你在哪個階段放棄解決或花大錢採用權宜方案？現在正是動手的時候：我們要開始解決一些難題了。

## 本書目標

本書將幫助你認識解決問題高手熟練華麗地用於解決難題的行為，以及為什麼我們做不到。前九章中我們將逐一討論這些行為，並輔以案例說明和實作指南。

**停止猜測**：意思是停止腦力激盪，別再東試西試。對一個難題做了幾次良性的猜測之後，你就能明白它是個難題，該試試新的方法了。然而真空不是自然狀態（nature abhors a vacaum），所以你要是沒有別的行為可運用，就會沿用舊習。這時接下來的八種行為上場：它們能幫助你停止猜測答案，改而去測量問題。

**嗅聞問題**：離開椅子，走向現場，運用你天生的感官和手邊可用的工具，發展出堅實的故障模式。這並不是要你把自己埋在大量資料中，而是要你針對特定的問題提出有關連的疑問。這項行為能夠立即解決一些稍難的問題，對解決難題也相當重要。

**擁抱無知**：大多數人試著靠自己對一項流程既有的認識來解決問題，但橫亙在你和解答之間的正是你的有所不知。為了保住名聲，我們通常害怕在他人面前承認自己的無知。解決問題高手不僅會承認自己無知，還會擁抱這點，並問出別人可能會認為「笨」的問題，但卻能破除舊有的認定。

**了解你要解決的問題**：常見的情形是人們對問題成因已形成定見，而完全下錯工夫。解決問題高手會直接將時間投資在確認所要處理的問題是否有明確定義、可否作為變項來測量、可否精確表示系統或流程出了什麼問題。

**追本溯源**：這是指要透過理解流程本身及其背後的基礎科學知識，來學得流程運作的原理。聚焦在了解是什麼原因控制了你的問題，你便能夠限縮需要探索的流程範圍與相關的科學，而不必同時全面掌控。

**別依賴專家**：利用主題專家，在理解複雜系統及其基本功能與科學上相當重要。但不幸的是，大多數人把解決問題的責任外包給這些專家，而非親自驅策解決問題的過程。有時內部與外部的專家並不適合為你解決問題，解決問題高手總是將專家當成合作夥伴而非救世主。

**相信有簡單解答**：當遭遇到複雜的問題時，相信解決辦法也同樣複雜，多少令人感到欣慰。然而由於不相信有簡單的解答，人們通常還沒開始運用所需的嚴謹方法找到埋在根本原因之中的簡單解答，就已經棄守，付出重大代價與慘痛損失。解決問題高手會秉持這個信念與韌性，持續解決，直到發現真正的問題成因；也能以最輕易、最精省的方式執行從中浮現的簡單解答。

**依據事實做決定**：避免依據意見做決定：任何仰賴投票、權威或主觀評等系統來做的決策，都屬於依據意見的決策，它們會讓負責解決問題的人無所適從。解決問題高手堅持只根據事實來做決定，而且永遠勤於查證聽來的消息。他們檢查資料串流以確認他們的觀察結果能反映現實。

**緊守目標**：解決問題者在深入探索問題時，太常擴展可能的根本原因數量以進行測試。他們試圖掌握整個流程與所有可能的成因。這麼做既耗時又勞民傷財，要在成千上百個可能成因中找出真正的原因，更如同大海撈針。解決問題高手測量最能立即掌握問題的驅動因素，以判定那些次變項是否因而受控制，這麼做讓他們無需下探便能迅速消去大多數的可能成因與擴展方向。這能讓他們有效地保持方向，幫助他們找到根本原因。

**選擇方法**：解決問題高手通常使用具結構性的方法來維持方向，並持續不斷應用這些行為。在第10章〈選擇方法〉中，你會學到如何理解各種解決法的構成因素，據以衡量估算。強力的解決法遏止猜測，提供許多結構用以提出故障模式，並引導你理解流程是怎麼運作的。

---

註釋：

❶「五個為什麼」（Five Whys）是一種問題解決法，鼓勵人從問題最顯見的原因往下探索：詢問是什麼導致最顯見的原因、是什麼導致次級原因，以此類推，直到第五階原因為止。

# 第1章　停止猜測

我從不猜測。那是非常糟糕的習慣——徹底破壞了邏輯能力。❶

——福爾摩斯（Sherlock Holmes），《四簽名》（*In Sign of the Four*）

不同於福爾摩斯先生，我們常常在猜測。生活中碰到東西損壞或任何問題時，我們的大腦額葉就會活躍起來，迸發出一個或十來個對問題根源與解決辦法的猜想。我們可能會草草記下，然後趕緊出門上班。

猜測是種天生的大腦功能。在演化史上，人類常常必須在短時間內憑著有限的資訊做決定。我們面臨像是「我該用什麼工具來應付眼前這隻打算咬斷我喉嚨的劍齒虎？」這類的問題。花時間研究困境，找出令你不幸的難題背後的根本原因，這種行為早在幾千幾萬年前就已被天擇從演化樹上迅速剪除。

而這種天生的猜測傾向也在我們的生活中不斷受到強化。在學校，老師嘉獎最先舉手搶答的人，儘管答案是出於猜測。為了增進自信，就算答錯也會獲得一句「猜得不錯！」的勉勵。我們反而不鼓勵只回答「不知道」的行為。

在職場，我們也很自然地預設為猜測模式。發生問題時，行動派的人會鼓勵我們盡量猜測，不論品質如何。花費好幾個鐘頭瞪著資料或壞掉的機器，容易給人反應慢或在偷懶的印象，而馬上「捲起袖子」動手嘗試處理的員工則被當成英雄。

我不知道我最早遭遇這種問題是在什麼時候，但我記得最早的例子是在喬治亞州的一家工廠。一個設備部件失靈，導致整條生產線停擺。一位技術人員花了八小時更換了六樣零件，才讓機器重新啟動。生產線回復正常後，他說了一件我非常熟悉的事：「我把它拆開，換掉這個零件，但沒修好它。我也得換掉另外這個零件，然後這個……」領導團隊讚賞他堅持不懈的努力，但沒人質疑要是他能把時間精力拿去找出真正的根本原因，是不是能更快解決問題，更早讓生產線恢復運作？再說，四、五個零件要同時故障實在是不大可能的事。

這不叫做解決問題。這是猜測解答。真正的解決問題是透過研究調查與理解而明白哪裡出問題、為何發生，而非靠著消耗一天天、一週週在測試不同的猜想，直到好運降臨，猜對為止。

## 猜測為何行不通

透過先天和後天的強化，猜測已成為我們解決問題工具組的必備基本工具。猜測幫助我們解決了不少問題，但僅限於簡單的。燈泡不亮了，我們猜想按按開關可能會讓它亮起來；沒效的話，我們猜想換個燈泡就沒事了。如果還是沒效，我們一貫的做法是怒瞪著電燈再多按幾下開關，然後去檢查斷路器：啊哈！我們重置斷路器，檢查電燈，然後沐浴在溫暖的燈光下。

在你的公司，有人打電話給ＩＴ工程師說電腦出問題的時候，ＩＴ工程師怎麼做？「電源插頭有插上嗎？」通常在三、四個問題後，事情就解決了。如果你突然開始嘔吐，你可能會猜想是不是昨晚吃了什麼不乾淨的食物——你可能猜對了。但也可能猜錯。

猜測解答是種碰運氣的解決技巧。當一個問題有兩三種可能的根本原因，測試起來也不怎麼花費時間或金錢，那麼猜猜答案就完全符合需求。但能靠這樣解決的只有簡單問題。大多數在我們生活中陰魂不散的問題並不簡單：它們要是可以輕易處理好，就不會陰魂不散了。

要是斷路器沒有跳掉，該怎麼辦？要是它在幾分鐘後又跳掉，再次讓我們陷入黑暗？要是燈泡一直燒壞呢？這時，我們就該明白這不是簡單的問題，不能單靠猜測解決了。如果你沒練就一套強力的解決問題技術，那就只剩下三個選項：你可以繼續猜測，希望終究會猜對；你可以向專家求助，在這個例子，專家是水電師傅，他們能運用經驗進行「有根據的猜測」，解決簡單的問題；但要是行不通，你可能得吐出錢來買個新的替換看似故障的舊品，不然就只好將就著用下去。

一個中等難度的問題，潛在的根本原因可能有五十個左右。你會間歇性地打噴嚏；你的摩托車引擎偶爾會在路上熄火；儘管你持續控制飲食，體重卻無法再減輕。在工作上，廢氣排放量太接近監控值上限了，令人擔憂；你懷疑你的銷售團隊沒有拚盡全力，因為他們相信供應鏈無法配合他們對顧客的承諾。如果你很擅長猜測——或許加上幾個同事的協助——你或許能將潛在根本原因過濾到剩下三十個左右。

測試每個猜想，會耗費時間和資源。一份很長的猜想清單，表示你會耗費大量的時間和資源。更糟的是，搞不好真正的原因還沒列在清單上，而你不把整份清單測試完不會知道，這一來恐怕已過了好幾個月。下一步該怎麼做？組一個更大的團隊，列出更多猜想？

然後你碰上難題，而它們可能有上百、或甚至**上千個**潛在原因。真正的根本原因隱匿不明，模糊不清。你家的水管斷裂，可能是從附近河川滲入了具腐蝕性的細菌所導致。你的睡眠障礙問題，可能是因為你對通心粉內的食用色素黃色五號過敏。你不可能猜得中這些原因，而**試圖猜測又浪費你許多時間**。試著執行其中某些揣測，無異於摸黑射擊，很快消耗掉大量資源。你以腦力激盪的結果，產生了一份羅列數十個「潛在根本原因」的清單；不屈不撓地琢磨過一項項猜想，幾個月過去了，一無所獲。更糟的是，你做了這麼多隨機的更動，可能又創造出新的問題。

腦力激盪能發揮作用，是在需要創意的情況下。然而，解決難題不屬於這類情境。腦力激盪並不是要一個人對某件事物一直猜測，而是集合許多人一起進行團體猜測，因為多了團體迷思（groupthink）❷，與政治的作用將結果複雜化。通常這種猜測會將一連串具有優先順序的猜想包裝成精心安排的「程序」，來作為掩飾。但其實你可以選擇更好的做法。

有家食品加工廠生產一種杯口封膜的塑膠杯裝食品——就是食用前你會把封膜撕掉的那種產品。他們因為封膜出了問題，而讓顧客購買到發霉的產品。你能想像得到這對於品牌信譽和食品安全來說都是相當嚴重的問題。這家公司大手筆地投資在「精實六標準差」（Lean and Six Sigma）管理技術上，也成立了規模不小的團隊來解決問題。當我們抵達時，他們用了「魚骨圖」（Fishbone-Diagram）

技術鑑定出超過兩百個潛在原因及修復的想法（這很顯然是非常困難的問題）❸。表面上，他們採取了非常有結構的方法，但實際上，這就是我所說的「結構式猜測」。只要你「提出」很多待檢驗的事項，**你就是在猜測**（見表1.1）。

如果某人列了十個「潛在」根本原因，那就表示他們**不知道發生什麼事**。如果列出的潛在原因多達兩百項，表示你們對到底發生什麼事完全沒有頭緒。這個數目太誇張，不可能以合理的行動去逐一檢查：單一個人或單一小組會在檢查清單的過程中耗盡時間、資源與心力。更糟的是，當小組不能弄清楚問題或背後的系統時，真正原因大有可能根本不在清單上。這就是猜測無法解決這些問題的原因。

在四個月內，這家食品加工廠投入了一年份的工作量和二十萬美金檢驗了三分之一的清單，還沒接近真相一步。他們倒是確實製造了新的問題給生產線：他們為封膜設備裝上新的傳動鍊，還做了許多更動。當你對一條生產線做了五十處更動，即使每十處只製造出一個新的問題好了，你就多了五個問題。

運用一套為困難問題量身打造的方法，僅花了幾個星期便處理了這些問題，並且證實了真正的原因並沒有列在原始清單上。在這整個過程中沒有產生任何臆

表 1.1 人們會說什麼來掩飾猜測行為

| |
|---|
| 我有個假說！ |
| 我有個想法！ |
| 我很確定 × 沒錯。 |
| 我們列出了最可能的選項。 |
| 小組投票結果是這項。 |
| 我不是在猜測，我是在採取行動。 |
| 我曾經做對了，所以那不可能是猜的。 |
| 我們的經驗顯示…… |

測。但是「結構性猜測」已經讓這家公司耗費了龐大的時間與金錢。我們會在第 8 章〈依據事實做決定〉和第 9 章〈緊守目標〉中再詳細說明這個案例。

## 好運的詛咒

想像一下如果福爾摩斯試著以猜測來追查連續殺人犯：「可能是屠夫！」於是我們把屠夫關進監獄，但是連續殺人凶手又作案了！「可能是那個鬼鬼祟祟的傢伙！」又出了六樁殺人案之後，我們的監獄裡多了七位嫌犯，等著這場像馬戲般的混亂結束，但福爾摩斯又有了新預感。「可能是警察局長！」聽到這裡每個人都會翻白眼，求福爾摩斯別再荒廢自己的專長了。猜測法顯然無法勝任偵探工作，用於解決難題更是糟糕。

但要是你猜對了呢？你發現解答，順利執行。你也許會花費時間和資源，也許不會。不幸的是，糟糕的副作用緊跟著這項罕見的成功而來。

首先，你在心理上、在組織中，強化了猜測的習慣，讓你自己錯以為猜測是項好策略，將會再度奏效，讓這個習慣之後更難消除。不管猜測有沒有效，它很容易做到，也能讓我們心安。

其次，你對你要試著修復的事物沒有深入理解，不管那是對你自己、一道流程，還是一台機器。你不是花時間去建立一些未來用得上的知識基礎——新的問題隨時會冒出來——而是不斷猜測、檢驗。下一次再出問題，你又回到原點。

第三，或許是最重要的一點，你不會成為更厲害的解決問題者。猜測也許可以解決稍有難度的問題，讓事情回復正常（儘管所費不貲），但你剝奪了自己和團隊發展出重要技術的大好機會。當碰到真正困難的問題時，你會需要所有用得上的技術：如果你不練習使用對的行為和方法來解決稍難的問題，你永遠不會嫻熟這些技巧，等到你要試著處理嚴重的問題時，你將會一敗塗地。

## 盛行的問題解決法中的猜測

許多企業教導員工運用結構性方法來幫助他們解決問題。結構在問題解決法的某些階段中會非常有用，可以在定義問題和找出故障模式上增加精確度。這些步驟的重要程度遠超過純粹猜測和腦力激盪，而且能迅速解決非常簡單和稍有難度的問題。許多步驟指示解決問題者主要專注在研究問題發生的**現場**，這點相當重要，方向正確，避開在書桌前、會議室內或電腦前進行猜測的做法。了解故障模式，讓解決問題者只要根據模式檢驗某些根本原因，就能迅速從清單上消除它們。這樣可以縮短猜想清單，加速某些艱難問題的解決過程。

大多數的結構性方法失靈之處在於：它們最終仍然是靠著猜測來判定何者可能是根本原因。雖然它們能幫助你解決一些不大簡單的問題，但你仍然寄望於真正的原因有在你以猜測列出的清單上。難題對此免疫。

舉例來說，我們來看一個經典的問題解決法，在一九六〇年代盛行的「包裝公司科學法」，它是最早提出精確定義問題的方法之一[4]。這套方法包含九個步驟：

(1) 挑一個問題
(2) 獲取知識
(3) 組織知識
(4) 將知識去蕪存菁
(5) 消化
(6) **產生數個想法**
(7) 重新組織想法
(8) 實踐想法
(9) 重複以上程序

步驟(2)到(5)是用來研擬出故障模式的，這對問題解決法來說是一大突破。

然而步驟(6)「產生數個想法」卻仰賴洞察力、靈感和腦力激盪來判定潛在根本原因。

當你仔細研究大部分盛行的問題解決法時，你會發現它們在某個階段都會移轉成結構性猜測了。許多方法都有諸如「發展出可能的根本原因」或「推論可能成因」的步驟。不管我們是在什麼時候列出可能根本原因清單，都是在猜測，就算是結構性的猜測，還是猜測。有些猜測步驟偽裝成「形成假說」或其他看似科學的方法。這些方法之中有許多是設計來快速專注於簡單問題的，人們只需要組織猜想——「五個為什麼」尤為箇中翹楚。然而，對於困難問題，你的「潛在根本原因」清單上能涵括真正的根本原因的機會相當渺茫。

對相當複雜的系統而言，一個人或一群人為了猜出正確的根本原因而去搞懂該系統，聽起來很難以置信吧。針對波音七四七的「故障樹分析法」，列出飛行事故災難的已知潛在原因，結果得出數千個因素❺。在一些飛行事故中，例如環球航空八〇〇號班機空難事件，根本原因並未出現在預建的故障樹上——有太多太多可能了。

有些方法附帶的結構，能指出正確方向而加快簡單問題與稍難問題的解決過程。但要解決真正困難的問題，你需要使用不在任何步驟依賴猜測的方法。僅有少數方法避開了猜測。你應該找一套你喜愛的方法。我會在第 10 章〈選擇方法〉中介紹我最熟悉的一套，同時也會引導你選擇一套適合你使用的方法。

## 處理猜測

老實說吧：你躲不開猜想。如果你和一個工作小組共事，**他們**會猜測。沒關係，這是天性。這些猜想會在你周圍轉來轉去，假如你不是很熟於解決困難問題的話，它們還可能會干擾你。

如果你發現自己或工作小組似乎因為猜測而分心了，我有個很有用的做法：不要抑制你的猜想，把它寫下來，然後踢出你的系統。把它放到信封裡，然後**置之不理**。要是到最後你猜對了，給自己一個鼓勵。

這確實是在團隊工作時一個很棒的練習：讓每個人把他們對你這個難題的可能成因的想法寫下來，全部放到一個盒子裡鎖起來。更好的做法是，讓他們把他們認為的根本原因，以及他們如此認為的原因、他們據以說服別人的資料，都寫下來。

在問題解決之後，假如你的猜想恰好是對的，問問自己，是否握有足夠的資料能果斷地說服別人放棄他們自己的想法，優先考量你的猜想？在我們真正**知道**根本原因之前，我們根本無法有效地從種種猜想中決定何者優先，甚至可能錯失最好的猜想。

## 猜測是天性，而你可以停止

我非常幸運能和幾位世界上最聰明的天才合作，他們都剛從頂尖大學畢業，諸如麻省理工學院、康乃爾、皇后學院、牛津和劍橋。這些畢業生都是優秀的年輕人，多半擁有某種技術學位，因此都很熟悉解決問題這回事。他們有深厚的科學底子，合成過複雜的化學物，製造過機器人。但是我發現，當面對第一個困難的實務問題時，他們全都開始猜測，到處敲敲打打。不過，一旦他們明白到猜測的衝動有礙進度，他們就能非常得心應手地掌握難題了。

解決問題高手會在任何一個階段抗拒猜測的誘惑。猜測是難以打破的習慣，所以現在就開始！

## 現在：停止猜測

記住，你的大腦一直在猜測。當猜想冒出來時，認出它們，然後任其如打在你身上的雨滴般流逝。如果你實在相當掙扎不願放掉它們，就在紙上寫下來，封在信封或盒子裡。你可以晚點再看，看看你有多接近真相。

註釋：

❶ Sir Arthur Conan Doyle, Sign of the Four, (New York: Penguin Classics, October 2001), p. 16。

❷ 譯注：一種心理學現象，指在決策過程中團體成員會傾向調整自己的想法與整個團體一致，因而導致團體內缺乏不同的意見聲音，而無法客觀分析，甚至做出不合理的決策。

❸ 「精實六標準差」管理技術（Lean and Six Sigma techniques）是經典的企業改善（Business Improvement）或持續改善（Continuous Improvement）技術之一。魚骨圖（Fishbone Diagram）即因果圖，將解決問題行動建構為鑑定問題的潛在原因的不同型態。

❹ 包裝公司科學法（The PackCorp scientific process）是一種早期的流程改進（Process Improvement）法，由美國包裝公司發展於內部用途。它奠基於早期日本所發展的方法，如

豐田生產系統（Toyota Production System, TPS），而加以擴充，也是早期商業界用於解決問題的反覆操作法，影響了之後的方法，如精實六標準差法。

❺故障樹分析（Fault Tree Analysis），用於創造故障導因的樹狀圖。它典型地將一項故障或潛在故障擴張為二項或更多不讓故障發生的必要條件。那些條件再依序擴展出更多導致它們發生或不發生的必要條件，依此類推，直到使用者達到相對而言最基礎的條件為止。

# 第2章　嗅聞問題

想達到目光清明的根本要件，是找出意願去仔細觀看並拋開我們自身的意念。❶

——切莉·胡柏，《你一點錯也沒有》

大多數人太常只坐在書桌前、會議室內或電腦前處理問題了；就算人去到現場，也只會直接動手嘗試種種解決方案看能不能奏效。面對任何一種重大難題，你需要將雙手先插在口袋裡，打開你的五官。**你需要人到那裡，仔仔細細地研究問題。**

要解決任何一種系統的問題——不管是機器、電路、編碼基底（code base）、你的身體還是你的習慣，你的任務是要嗅聞問題。親自到現場，運用五官徹底詳盡地描述問題：將你觀察到問題發生的時間點與地點位置記錄下來。取得你為了理解問題所需要的資訊，但別只是拿一大堆數據，以為可以幫助你猜到解答——晚點再去找根本原因。回來繼續依你所需嗅聞問題。

## 解決問題高手善於嗅聞問題

早在文明的早期階段，人類就懂得嗅聞問題了。舉一個人人都熟悉的例子：看病。在古希臘希波克拉底的時代，醫生沒什麼科技能用來診斷疾病。在那個沒有實驗室的年代，醫生只能審慎檢查，彎彎手臂，聆聽你的胃部或胸口。他們甚至聞傷口的味道，判斷是不是壞疽或感染。他們也聞你的呼吸和糞便，以了解更多有關消化道的問題。他們非常嚴謹地研究問題和故障模式。

到了現代，好的醫生會先仔細研究問題，才給出可能的診斷或安排更多複雜或昂貴的檢查。他們也會審慎檢查你。他們要求你做一些動作：彎腰、扭身、咳嗽，然後詢問你的感覺。他們使用聽診器聆聽，量你的體溫、血壓、脈搏。他們要知道你吃了什麼或做了什麼身體活動。要是風險過高，或是原因很難確認，醫生會安排X光檢查、化驗或磁振造影（MRI），但這些必須在做完簡單的檢查之後。

如果你有長期的病痛，或是毛病一再復發，單靠觀察身體無法診斷時，醫生也會要你記錄下每日飲食或活動內容。你要寫下你吃了什麼、做了什麼活動、感覺如何，時時留意特定的問題。解決問題高手也會確認他們的資料健全完整，並扣緊特定問題。

心理學家和心理治療師做的事也一樣。他們有一整套的問題。他們挖掘你的過去，其中的佼佼者在做出診斷結果之前可能會花上好幾個鐘頭剖析你的心理。這些做法和你朋友在聽你傾訴了幾分鐘後便驟下結論說你需要改變生活態度的做法，簡直相去不可以千里計。

你也做得到。我的一個朋友曾經問我，他是不是喝得太多，是不是有酒精成癮問題。我不確定我夠不夠資格判斷這點，但我可以協助他正視問題癥結。大多數人只是對他說：「放心，你沒事。」或「對，你該少喝點。」他們是根據哪些訊息能做出這樣的結論，令我大惑不解。我要朋友記錄下他每天的飲酒量與飲酒時間，以及飲酒時的情緒狀態，藉此幫助他嗅聞問題。我不確定這麼做能夠達成什麼效果，但對於可能導致嚴重後果的困難問題而言，取得翔實的資料有助於進一步解決。

嗅聞問題這項方法，能讓你大幅洞察你所經歷的問題本質。較簡單的問題，你只要建立起強力的故障模式，問題就差不多解決了。

## 如何精通嗅聞

一開始，你會想要嗅聞問題以建立故障模式。盡可能搞清楚問題發生的所在位置（以及不會在哪裡發生），問題從何時開始的，以及問題發生的頻率，就能大致掌握問題的解決方向。對簡單或稍難的問題來說，故障模式能導向關鍵性的洞察進而解決問題，或者至少讓你離解決之道僅一步之遙。

我一位朋友曾經幫助他母親明白她車子的「一鍵即通」（push-to-talk）功能為何失靈。當她按下鍵，要它播放女神卡卡（Lady Gaga）的歌時，它有時做得很棒，她可以將音量調得很大。但間歇地，它會啟動汽車導航功能，領她去撞牆（還好這只是比喻的說法，不是真的發生過）。車子的經銷商和銷售中心都找不出原因，竟然將它標註成軟體錯誤、電路短路，或認為一切都是他母親的幻想，問題根本不存在。他們浪費了不少時間，差點失去一位顧客，甚至換了新車，這都是因為他們沒有嗅聞問題。

我朋友在一個週末去探訪母親，他只是不斷按鍵，動用所有感官，就嗅到了問題。一個細微的模式浮現：在導航與音樂播放之前會出現嗶嗶聲，次數與音調各有不同。他注意到這點，閱讀使用手冊上的相關說明，明白原來要長按著鍵超過兩秒才能啟動音樂播放。他把這點告訴母親，完全解決了這個問題。當然，在他之前的其他人也讀了手冊，但是手冊中光是關於車上電腦的說明就有十幾頁，而那些人根本不知道自己要找什麼資訊。

每一年，像這樣浪費金錢、磨損耐性、消耗時間的問題，我們要遭遇上十來次。光是能好好嗅聞問題，就足以幫你解決它們，讓你的生活更美好。

## 找出故障模式

有些問題解決法可以幫助我們增加精準度和練習。這些方法提出引人深思的問題，指引你收集資訊並查找特定模式，而不是霰彈槍式地對系統進行地毯式搜索。它們在嚴謹程度、對細節與指示的要求都各不相同。在第10章〈選擇方法〉中，我們將會討論如何從眾多方法中篩選。至於現在，要知道在你處理困難問題時，有個導引會助益良多，但並非就萬無一失了。難題通常很獨特，因此這些導引只是提供一個方向，而非處方。等你培養出洞察力後，你會有你自己的問題要提問。

要如何開始建立一個強力的故障模式？我能提供一些基本指導（見表2.1）。最常見的做法是，仔細描述問題發生或未發生當下的情況。

表2.1中所有的提問都是導引，而非命令。可能的話，同時查看一樁事件和許

**表 2.1　嗅聞問題時的提問**

| |
|---|
| 問題是什麼樣子？ |
| 如果就近觀察，每次的狀況都一樣嗎？ |
| 你第一次看到問題是什麼時候？ |
| 如果觀察問題久一點，你會注意到什麼模式？ |
| 你期望在哪裡看到相同的問題，卻沒發生？ |

多事件，看看你發現什麼。再次提醒，你不是在試圖猜測解答。你只是試著理解故障出現的種種實際現象。

有位朋友租了一間老房子住，結果他的電腦不時會關機，因為那房子會暫時停電。這當然很令人沮喪，因為這表示他的未存檔的工作內容沒了，或至少打斷了他的工作，他得起身去重開斷路器。他將就了好一陣子，但等損失了一些重要工作資料後他終於受夠了。當他第三次走進廚房抱怨電腦關機時，他發現到他總是向同一個室友抱怨，而那位室友當時都正在使用微波爐加熱剩菜。這間屋子有一台非常大型、非常強力的微波爐，而他的房間就在廚房隔壁。

一旦我朋友注意到這個模式，便能夠迅速

推論出這個簡單問題的答案：這台巨大微波爐要是與其他家電（以及他的桌上型電腦）同時運轉，就很可能會觸發斷路器跳開。他測試他的推論，斷路器果然跳開了。他莞爾一笑，抓起一條延長線，把電腦設備移到對牆。在他和室友等著一台耗電沒那麼凶猛的微波爐來替換時，他把那個插座用膠帶貼起來，以免誤用。

## 突破障礙

**解決問題高手會克服障礙去獲取他們所需要的資訊。**如果一台機器運轉過快，無法以肉眼看清模式，解決問題高手會用攝影機錄下來，慢速播放觀看。如果一條產品生產線無法自動計算產量，解決問題高手會親自到現場計算。他們與最了解系統或流程的人密切合作，以找出最適合觀察到答案的位置，取得最明確的資訊。

在一家化學加工廠，每三個月就有幾具非常龐大（重達十噸）的幫浦停擺，每年都讓公司耗費數千萬美元，還造成安全風險，因為幫浦故障期間圍阻設施無法運作。工廠年復一年花費數千萬元更新幫浦，用更大更堅固的密封裝置來防止失靈——但幫浦照樣故障。

某次故障後，公司組成一個新的團隊來處理這個問題，團隊中有幾位是我的小組成員。幫浦再次失靈之後，我們沒有坐在書桌前計畫更換更大的軸封，而是堅持親自查看拆解後的幫浦，好更加了解問題所在。團隊再次發現軸封磨損了，而且有零星的黑色固狀顆粒遍布在軸封上，與潤滑油相混。我們決定以化學方法「嗅聞」，在實驗室進行檢驗：實驗室的技術人員發現那種顆粒其實是幫浦所抽取的化學物質的氧化物（或說是「煮熟了」）。這是團隊的重大洞見，讓他們得以迅速解開這個長久以來一直被當成無法解決的難題，因為他們下探基礎。你會在第 5 章〈追本溯源〉中讀到這個難題是怎麼解決的。

## 用嗅聞問題法建立一致立場

找到好的故障模式能夠讓組織重獲信心，相信問題得以解決。困難的問題，為了找出解法並付諸實行，通常需要有組織承諾提供資源與關注，而一個好的模式能產生足以召集這些資源的說服力。

我最喜歡的一個案例是與國內飲料品牌合作的案子，這款飲料在商店零售。對該項產品的要求是要迅速擴展，因為行銷與業務團隊已經優異地達成使命。生產部門有很大的壓力要提高產量以保住夠高的市占率，因為已經有模仿商品占據了商店裡空出來的貨架。該公司計畫設立新的廠房和生產線來達成任務，但這要花上十八個月。同時，現有設備已經沒日沒夜地趕工以交出足夠的成品。我就是在此時受託協助。

我們的分析意外發現，有好幾種可能的做法能立即提高產量。其中最令人關注的一種是加快某條生產線的速度。可想而知，這個想法遭到一些阻礙：大家都知道運轉更快就能生產更多，工廠自己的團隊也知道；但他們還「知道」設備沒辦法運轉得更快了。他們證明這點給我看：他們調高速度，結果製造出一大堆只裝了半滿的瓶子飛砸到地上，我們三個得清理這團亂。

我明白我第一件需要解決的問題是給工廠團隊希望與信心，讓他們相信速度完全可以調高且運轉順利（我會在第 4 章〈了解你要解決的問題〉詳談如何找出該處理的問題）。萬幸的是，在與副總裁談話之後我獲允與操作員共事以測試速度、嗅聞問題，我們從中學習良多。首先，我們發現瓶子從生產機台被拋到地上是因為瓶子沒裝滿。經過仔細研究後，我發現沒裝滿的瓶子都是出自同樣三個裝填頭（總共有三十六個）。

我和操作員一將這個觀察結果展示給副總裁看後，很顯然速度的問題可以解決了，我們順利動員小組往前進。畢竟，要是其餘三十三個裝填頭做得到，那麼那三個裝填頭也應該要能順利運作。故障模式本身不能解決裝填頭如何能裝填更多瓶子的問題，但卻幫助了我解決如何讓小組動員起來的政治難題。

## 多少才夠？

建立起一份完整的問題描述與故障模式，並不等於收集一大堆資料數據，然後讓自己深陷其中。企業中不夠優秀的解決問題者會下載整個流程中每個點的資料，鉅細靡遺，或甚至測量大量的新數據，試著從中找出有用的東西。他們會逐一比對「好機器」與「壞機器」的每個部位。這些努力至多也只是浪費大把時間與金錢，將問題導向無關緊要的不良解答，結果不但浪費錢，製造新的問題，連帶信譽受損。

解決問題高手在前去收集資訊與數據之前，會先研擬出他們想要找出答案的問題，而不是依賴他們看到的隨便什麼資訊海。他們抓取信號，而非雜訊。

但，要描述問題或發展故障模式到什麼程度才算足夠？簡言之：無限度。當你培養洞察力或深探根柢時，你會不斷回頭重來，持續嗅聞：你將會有新的理解以提出新的疑問。這不算是一個步驟，這是一種行為。嗅聞問題以回答隨之浮現的疑問。

如果你是個沒什麼經驗的解決問題新手，那麼你要拿簡單或稍有難度的問題來練習精確度，磨練技術，好讓你在處理困難問題時能快速進展。有些難題可能僅此一次或千載難逢，成為技巧熟練的解決問題者，能幫助你在面對這些艱困挑戰時做出好判斷。

## 現在：嗅聞問題

離開椅子，帶筆記本去現場。開始收集與你的疑問有關的資訊，提出表2.1所列的疑問。不過最重要的是，練習運用你的觀察力，運用所有感官，過濾雜訊，找出問題實際是怎麼發生的。並記住，別分心去猜測解答！

註釋：

❶ Cheri Huber, *There is Nothing Wrong with You*. (Chicago: Keep It Simple Books; October 1, 2001).

# 第3章　擁抱無知

你必須忘記你所學。❶

——尤達，《星際大戰五部曲：帝國大反擊》

想像你看過的電影，其中有主角踏上旅程去習得某種古老奧義、精進一項深奧的武藝，或是打算攀登一座參天巨塔。主角遇見個性古怪、作風神祕的導師，在說服導師收他為徒後，展開訓練。主角急於一步登天，運用了過去養成的舊有習慣與行為來試圖速成訓練，可想而知，主角搞出大紕漏或鬧出大笑話，而師父搖著頭，緩緩嘆氣，對徒弟重拾耐性。

之後，這些故事通常有個快樂結局：武術大師把惡霸打得抱頭鼠竄、跪地求饒，或者，魔法師成功讓一個龐然大物凌空飄浮。全劇終。

這些學徒最後是如何重上軌道，進入訓練課程快樂結局中歡喜的部分呢？轉捩點在於，他們拋開了舊思維、舊習慣。他們理解到自己正處於知識的未開發領域，從過去經驗中形成的定見，會妨礙他們進步。他們擁抱自己的無知，從頭開始，腳踏實地，全心投入學習他們想要精通的技藝，不再表現出自己很行、很會的樣子。

**解決問題高手明白他們必須專擅某類特殊的問題及其影響所及的流程，也了解每當他們踏入一個全新的情境時，他們不該立即展現自己既有的知識，反而更應專注搞懂他們還不知道的事情。**他們提出別人可能會覺得很蠢的問題，質疑

「人人皆知」的「常識」，以確認他們掌握的是事實。

擁抱自己的無知並不容易。大多數情況下，我們對於如何解決問題已有九成認識，因此從既有的知識基礎起步而非從零開始，也是理所當然：畢竟人們是因為你了解問題才找你協助解決，而不是因為你不了解。只不過，橫亙在你和最佳解法之間的，正是你不熟悉的那一成。

## 我們為何隱藏自己的無知

我初入行那段期間，常常發現自己置身於全然不熟悉的職場領域。權力與尊重伴隨著入行資歷與終身職位，人人期望你懂一切專業術語和頭字縮寫。儘管豐富的經驗和專業共通語言是為了協助組織運作順利，但也往往在解決難題之路上築起障礙。

當我們開第一次的簡介會議時，可能有五或十人圍坐在會議桌旁，一一介紹自己的姓名、職稱與在該公司企業的資歷。他們在各自領域內待過的年頭多半比我當時的年紀還要長。我所學到的是，不能心有防備或隱瞞自己的無知。輪到我發言時，我總是說明我在這裡還是個新手，希望能學到更多。

有些人在聽到自己不懂的事情時的反應是：「那是什麼？」並且想去搞懂；有些人則會退縮或不斷點頭，生怕別人看穿他們不懂——於是他們錯失良機。前一週才發生過這樣的事提醒我：在一場會報上有人用了「CYOA」這個縮詞，我完全不知道是什麼意思。是指「保護自己」（Cover Your Own Ass）嗎？是指「加勒比海帆船主協會」（the Caribbean Yacht Owners Association）嗎？我開口發問，原來都不是，是別的意思——真遺憾，當下我以為有機會搭帆船一遊！在職場上我們隨時會面臨這類情境，頂尖的解決問題者會直接詢問。

我們通常會害怕承認自己無知，就算面對自己也一樣：想像我們對自己的困境已有完善的想法並且能付諸實行，著實令人感到安慰。在我們的教養過程中，答出正確答案並立即採取行動時會得到嘉獎，這強化了我們對於撫慰的需求。

這在教養子女上帶出一個有趣的問題：身為父母，有部分的職責是要引導子女，提供他們基礎知識，例如：

「我可以喝這個嗎？」

「不行，它對身體不好。」

或是：

「我可以拿馬桶刷去玩嗎？」

「我想最好不要。」

而孩子是父母親最虔誠的信徒。但是，你要如何分清楚，把你對事情的最佳猜測告訴他們，與幫助他們獲得知識，這兩者之間的差異？表現得像是萬事通，與承認自己不知道而去尋找答案，這兩者之間的差異？幸運的是，智慧型手機與隨時可以查詢維基百科，讓搜尋知識變得比你自己絞盡腦汁從記憶中翻找答案來得容易示範。

不願提問也可能是種難以克服的情緒。人們害怕在朋友、同事與顧客面前出醜。想像在一場派對上，有個你見過的人叫了你的名字，從點心桌那邊走過來。「納特！真高興再次見到你！」那一瞬間你僵住了。**糟糕，我忘記這傢伙叫什麼**

**名字**！但是你裝出酷樣。「嗨！呃……」你瞥了他的右手無名指，上面戴著婚戒，很好！「你的家人好嗎？」他微笑著謝謝你的問候，告訴你他的孩子們最近又有什麼優良表現。你鬆了口氣：躲過子彈了。接著只要等著別人來叫出他的名字，**這次**你不會忘記了。

我曾經這麼做過，因為我當時實在太尷尬，說不出：「天啊！你可以再告訴我一次你的名字嗎？」現在我知道，如果我再遇到這樣的情況，有人等著我說出他的名字而我想不起來時，我假裝知道裝得越久而不直接詢問他（或別人），我的行為就越像個小丑。拋開驕傲，解決問題吧。

最終，導致人們隱瞞自己的無知，接受差勁解答，是源於害怕「暴露」。當你全心投入或傾盡資源去解決難題時，你害怕在眾人面前失敗。即使正在深探問題時，也會害怕問出「理當知道答案」的問題而被人當成無知或「笨蛋」。

## 隱瞞無知會發生什麼事？

一如我在那場派對上的情況，許多初出茅廬的解決問題者會避開或巧妙帶過自己對某個問題的無知。我就見過有人聰明地規避了在物流、IT、業務成長、安全上的問題，立即召來主題專家，然後把責任丟給他們，因為這些冒牌解決問題者害怕自己的無知——有關這點將在第6章〈別依賴專家〉中深入說明。

我記得曾經與一家產品專門供應雜貨店的食品製造與包裝公司合作。在生產線尾端，產品被送進寄送用的紙箱，接著紙箱送去封口，然後堆疊到棧板上。他們有一台自動封箱機，但是我發現有人一整天站在機器正前方的輸送帶旁，預先將紙箱蓋摺好，因為自動封箱機有時不靈光。我給那項職務取了個綽號：「紙箱守護神」。

這個情況有什麼不對勁？這個呢，很顯然，有人本來該待在更有用的工作崗位上，而且可想而知這項工作會有多無聊。封箱機在幾年前就出了毛病，派人去應急以確保生產線當天順利，這很合理。但是每個人都對一件事實視而不見：他們不知要怎樣讓自動封箱機回復正常，因此紙箱守護神成了常態的職務。

我很幸運地處在想當然爾對此一無所知的位置，因此當我到了工廠，摺紙箱蓋的人對我來說很不尋常。我擁抱了自己的無知，提出疑問：「那人為什麼在那裡？」有人向我解釋原因之後，我又問：「箱子沒有預摺箱蓋就通過機器的話，會發生什麼事？」沒人確實知道，因此我們測試，親眼見到過程而對問題有更多認識。

我注意到許多箱子通過機器，順利封箱，沒出問題。我也能夠找出機器內部哪裡會卡住，因此可以很快明白該怎麼更動好讓機器每次都能順利運作。解決這個問題的第一步，就是從擁抱並直接面對自己的無知開始。

另一家公司很難保住高階管理職，他們不斷加薪加福利，希望這樣可以留住人才；但是問題背後的根本原因是這些人無法從工作中找到自主性與意義。沒有人想要問他們為什麼要離職；或許這麼做令人不舒服。但是一旦調整離職面談，他們發現根本原因，就能夠著手修正問題。然而多年來人力資源部門害怕從「新鮮人」的無知角度去碰觸這個問題，以致他們不斷流失人才。

接著要說的是我很喜愛的一則公司迷思故事，而且故事中提及「恐龍毛」。能源產業界一家企業的大型工廠設有一道程序步驟，要加壓讓產品通過小噴嘴來純化。產量顯然有限，因為噴嘴被石油形成時內含的恐龍毛給堵住了。我不知道恐龍毛是如何在石油形成所需的地質活動過程中保留下來，再說，恐龍有毛髮嗎？不過我倒知道，噴嘴堵塞造成的財務損失相當龐大。

這樁傳說對這家公司有個重大功用，讓人們不必為這個問題尋求解決方法。某種程度上，它是這個問題在政治面上的解答：問題的標示從「堵塞的噴嘴」偷換成了「恐龍毛」。畢竟有誰能解決恐龍毛的問題？非得動用到某些天馬行空的手段不可，例如向超時空博士（Dr. Who）借他的時光機 Tardis❷，再向蠻王柯南（Connan the Barbarian）借他的王者之劍❸。

在這樣的情況下你如何進展？畢竟這家煉油廠占地廣大，雇員眾多，員工也很稱職，很多人都拿到石化工業領域艱深的高階學位。但這種情況其實在生活中相當普遍，一點也不罕見。由於社會化，人們習慣不去「挑戰」受尊重的人們所相信的事。

你的生活中有什麼樣的故事阻礙你去接近你對無知的畏懼？

## 擁抱無知，然後消滅

**解決問題高手會溫和地質疑組織而非針對個人，並保持虛心以舉例、展現自己的無知開頭。**

想像以下場景：

「這個物質是什麼？」

「恐龍毛。」

「我們化驗過它的成分以確定它是什麼了嗎？」

「唔，沒有。」

我相信我用了稍微強硬的口吻預告過，堵塞物並不是什麼恐龍毛。事實上，那是一種人造纖維，工廠設備誤將之添入生產過程中。以擁抱無知來破除「恐龍毛」迷思，讓這個優秀的團隊順利地迅速解決問題。

要接近問題的真正原因，需要好學不倦的新鮮觀點。這就是為什麼外部的解決問題者在處理難題時，有時反而比熟悉系統的內部人員更有利：有種常見的認知偏誤叫作「知識的詛咒」，我們的大腦會認定我們眼前的問題和先前見過的某些事物很類似。

**解決問題高手不害怕自己的無知，也不怕別人知道。**解決問題高手打破認

## 表 3.1　記住，你不必當萬事通

| |
|---|
| 美國國會圖書館藏有超過一千六百萬種書與一億兩千萬種其他文獻資料。 |
| 一架波音七四七有超過六百萬個零件。 |
| 美國稅法的總內容字數超過四百萬。 |
| 全世界的網站數量超過十億。 |

定，激發嶄新洞見，讓那些確實了解流程或系統的人能適當地貢獻自己的專長。解決問題高手建立信心，不會裝出萬事通的形象（見表 3.1）。他們知道沒有人能通曉所有流程，在某些相當複雜的事務上尤其如此。沒有人能充分具備 F-22 猛禽戰鬥機或全球財金系統的相關知識以解決有關的所有問題，在過程中完全不向他人提問。

我記得我十九歲那年在洛杉磯實習，那裡有位關邁博士（Dr. Mack Quan）給了我很多忠告，不過真正震撼了我的是他說過的一段話。「當你拿到學士學位時，你覺得你什麼都懂了。等你拿到碩士後，你發現你什麼都不懂。等你再拿到博士後，你才明白世界上沒有人是真的無事不知。」這段話非常棒，值得銘記在心，每當面臨新的問題時拿出來提醒自己。不知為何，明白別人也一樣不是什麼都懂，給了我一記定心丸，讓我毫不猶豫地投入。

**不過，解決問題高手不只是承認自己的無知，他們擁抱無知。**他們明白，在解決問題行動中巧妙的引進一些無知的提問，能使人們對自認很熟悉的事物提出疑問。解決問題高手利用自己的無知幫助專家貼近問題或流程以完整說明自己所具備的知識，並且在說明中將事實從假設中整理出來。通常，僅是將一個複雜流程解釋給無知的聰明人的舉動，其實就能讓人貼近到問題跟前，引發出新的理解與洞察。

在九〇年代末期，我曾經在一家製作牙膏軟管的工廠待過。製作好的牙膏軟管會送去其他工廠裝填，但這家工廠一直無法滿足客戶的需求。他們先做出一條圓管，截成適當長度，利用感應熔焊將有螺紋的一端焊起來。當機器運轉到接近額定速率時，熔焊頭會把管子燒壞，管子只得丟掉。將機器降速可以排除品質問題，但是產量就不夠了。

我在大學時學過電磁感應的原理，但是不清楚如何應用。我向操作員、技工與經理問了許多問題。他們解釋當機器降速時，可以調低感應熔焊的溫度，因此不會燒壞管子。這點我完全不懂，於是我在旅館熬夜閱讀使用手冊。我現在已經記不得那些技術細節了，但是在「波形的種類」中有一節內容正是我所需要的知識：我只需要擁抱無知並追查答案。我把那部分內容分享給操作員和技工，我們大幅提升熔焊溫度但縮短接觸時間，因此熔焊頭不會有時間燒壞管子，機器也能運轉得更快：我們將先前策略反過來應用。

技工們其實並不知道熔焊頭的運作原理，但是他們害怕向自己或別人承認不懂。他們可能很久沒有拿起過手冊了，但是要明白如何改變的關鍵性洞見就在其中。

願意暴露自己的無知，非常難做到，直到你因隱瞞無知而付出了代價。

## 你知道怎麼建造露臺嗎？

幾年前我們決定要在住家後面搭建一個露臺，我盡責地去買了一本教導「如何搭建露臺」的書。我太太料到我還需要一些實作知識，因此她幫我報名了兩期「家得寶」（Home Dopot，美國家飾與建材零售商）的露臺建造教學。我相信並不是因為她神經緊張！

我喜歡有探索新技術的這些機會，也很樂意立刻著手學習如何將大量的理論知識應用於實務。在課堂上，我是唯一的工程師，可是我的同學多半認為我來上課是個笑話。的確，我是工程師，應該可以自己搞懂，不是嗎？不過我懷疑他們有誰真的知道怎麼蓋露臺，而且，當然沒有人會承認這點。

巧的是，我確實學到很多建造露臺的技術，尤其對一些較棘手的部分相當有用，像是切割做梯子用的縱樑。我「通過」了課程，還獲得一枚榮譽獎章——就像童子軍示範演練一項技術就可以拿到的那種徽章。我十分樂在其中，也超級有成就感。後來我造了更多露臺，並幫朋友架設起來。當你願意承認自己不那麼全知的時候，你可以成就很多。有位配偶能幫助你發現你知識上的空白，更是助益匪淺！

## 現在：擁抱無知

去找件你不是很了解，同時很想多加認識的事。一件你常蒙混過去的事。可能是：手排車的離合器是怎麼運作的？或：全世界人口第三多的國家是哪一國？

同時，下次有人提及某件事而你不了解的時候，開口發問。其實，就算你確信你懂，也照樣發問。練習在獲得知識時感到舒適快慰。

---

註釋：

❶ George Lucas, *Star Wars: Episode V – The Empire Strikes Back* (20th Century Fox, 1980).

❷ 譯註：超時空博士（Dr. Who）：英國廣播公司（BBC）製作的長青電視科幻影集「超時空奇俠」（Dr. Who）的主角，為外星人，擔任「時間管理者」，搭乘飛船 Tardis 穿梭宇宙跨越時空，解決各星球種族的重大危機。Tardis 是一種具有感知能力的時間旅行宇宙飛船，外型酷似 1960 年代英國街頭隨處可見的電話亭。

❸ 譯註：蠻王柯南（Connan the Barbarian）：美國奇幻小說家羅伯特・歐文・霍華（Robert Ervin Howard）創作的「王者之劍」（Conan the Barbarian）小說系列的主角。小說寫於 1930 年代，後於 1980 年代改編為電影，大受歡迎，蠻王柯南一角由阿諾史瓦辛格演出。

# 第4章　了解你要解決的問題

清楚陳述問題，就解決了問題的一半。❶

——查爾斯·凱特林，美國工程師，擁有一百八十六項專利，

發明電瓶起動系統、含鉛汽油、氟氯烷冷媒

極端貧窮是全球最重要、也是損害最劇的問題之一。我們的社會創造了巨大的進步：在一九九〇年，全世界有37%的人口（或約一百九十五億人口），每日維生所得低於1.9美元。到了二〇一二年，這樣的人口數掉到12.7%，表示有九百億人脫離了此定義下的貧窮狀態。這是相當驚人的轉變，但仍然有將近一百億人還過著極端貧窮的生活。儘管現代經濟在許多地區展現奇蹟，如東亞與南美洲，然而像非洲撒哈拉以南地區卻仍遭遺忘，那裡有42.6%的人屬於極端貧窮階層。

在私人捐贈者、非政府組織（NGO）、國家政府與聯合國之間，數以兆計的金錢投入撒哈拉以南地區，意欲透過大量的公共建設計畫、糧食物資捐贈或低利率貸款來減緩貧窮問題，但是幾乎沒有改善，而有些人相信這些援助計畫其實造成反效果，反而壓抑了貧窮地區的經濟成長。

保羅．波拉克（Paul Polak）發起了「國際發展企業組織」（International Development Enterprises, IDE）這個團隊，該團隊已協助一千七百萬人改善生產力而脫離貧窮。波拉克相信那些大規模計畫之所以失敗，是因為找錯問題。在他的書《脫離貧窮》（*Out of Poverty*）中，他將基於建設計畫、貸款與捐贈的解決途徑稱為「消滅赤貧迷思」（The Great Poverty Eradication Myths），相當清楚地闡釋這些途徑都失敗了❷。

波拉克用以減輕貧窮的方法則是問題解決法的絕妙範例，他的組織也是多項解決問題高明行為的良好示範。在他的書中有個很棒的例子展現了他如何徹底嗅聞問題。他不是坐在紐約的會議室裡決定貧窮家庭需要什麼協助，而是花大量的時間親自到現場去嗅聞。他本人「與超過三千個貧窮家庭談話」，「與他們一塊兒走在他們的田裡」，去了解他們真實的生活情形❸。從他們如何獲得種子、播種、耕耘、收割到運到市場販售，他到每一個地區全程搞清楚。他親自去了解每個地區所面臨的市場壓力。

這麼做，讓波拉克對理解問題本身有了根本上的突破：**他們所生產的作物種類與數量，無法提供足夠的價值讓他們擺脫貧窮**。將貧窮問題正確定義為勞動生產力過低，能使改善生活的解決途徑聚焦於不同地區中導致勞動生產力過低的根本原因上。波拉克發現他大多數的個案都只擁有一畝田，只能在旺季種植產量少的低價作物。他也發現，為了提高他們的勞動價值，他們可以根據各個不同市場的需求，在淡季改種產量較高的高價作物，作物的收購價格較高。要這麼做，得先改善田地的灌溉，供水必須更多、更穩定，因此他製作簡易的灌溉系統，用腳踏抽水機來供水。

波拉克經年累月地到現場嗅聞問題，與他想要幫助的家庭並肩同行，是這樣的做法讓他能夠正確定義問題，進而以造價低廉而高明的方式解決問題，改善了數百萬人的貧窮困境。

這就是了解你要處理的問題與否的差異所在。或許很多援助組織對他們想要解決的問題做了假設，據此投入數以兆計的金錢卻看不到成效。波拉克由於正確地定義了問題而創造出有效、持久又可自給自足的流程，持續幫人們脫貧。

要成功解決難題，需要清楚認識問題。**你應該將心力放在用正確精細的方法定義問題，對問題進行直接且可測量的觀察**。定義必須清楚顯示如何將解決方法直接轉化成你的目標，也**絕對不能是**假設或草率做下的結論。

## 問題定義不良的危險

不良的問題定義是猜測的一種特別狡詐的化身。當「問題的定義」是對解答的假設時，它會遮蔽解決問題者的視野，讓他們帶著沒來由的信心直奔錯誤的成因。這導致資源——我們的時間、金錢、士氣——浪費到完全無法解決問題的方向上，還可能讓事態惡化。

在職場或生活中，你也許已經觀察到一些不良的問題定義。你可能有一台設備開始損壞，或在高速運轉下製造出不良品，而操作員可能會說問題是「因為機器運轉太快了」。那不是問題所在，問題在於**運轉太快時**機器出了什麼毛病，而這才是你能解決的。解決「運轉太快」的方法就是降低速度，而這完全妨礙你去解決真正的問題。

這種情形也常常發生在人際衝突問題上。你有多少次聽見兩個人互稱對方是笨蛋，或認定對方不懷好意？同事或家人個性不好，這你無法解決；誤解、溝通不良、立場相左，這你**可以**解決。

解決問題高手不帶偏見或假設去定義問題，以免陷入錯誤的解決方向（見表4.1）。他們以自己的所見所聞定義問題，並將問題界定為他們想要的可測量或具體事物。以「恐龍毛」案子為例：組織**要的**是不堵塞的噴嘴，因此問題就是噴嘴堵塞。員工將它稱為「恐龍毛」問題，因而卡在看似無解但根本不存在的困境中。

**表 4.1　問題假設 v.s. 問題定義**

| 問題假設 | 問題定義 |
|---|---|
| 抽水機壞了。 | 抽水機壓力過低。 |
| 我們有太多半自動武器。 | 過早死亡／非法死亡人數過高。 |
| 擁有手槍可以自保的人數太少。 | 過早死亡／非法死亡人數過高。 |
| 廁所太老舊。 | 廁所在漏水。 |
| 我一定是新陳代謝率太低。 | 我的體重讓我很不開心。 |
| 我的配偶一定很累，又容易暴躁。 | 我現在沒心情親近我的配偶。 |

很有可能你和你身邊的人老是定義錯問題，致使你根本無從解決起。解決問題高手會不斷確認自己是否不慎讓假設或偏見介入而做了錯誤的定義。

## 將問題定義成變項

妥善定義問題最有用的方式，或許是將問題建構成一個可以測量的變項。我們能藉此將問題視為可客觀測量的事物，也藉此摒除了猜測而來的解答與大量情緒。我們知道，當這個變項不在我們想要的範圍內（亦即「不合格」）時，會出問題；一旦它落回我們可接受的範圍內（亦即「合格」），就不會出問題。

將問題定義成變項，有助於我們鎖定真正的問題。如果淋浴間的蓮蓬頭水壓不足，將問題定義成「水壓太低」而非「蓮蓬頭壞了」，能馬上讓我們離解決問題更近一大步。類似的例子如：「我們的會計人員流動率太高」而非「我們有人事上的問題」；「準時完成率（In-full-on-time）❹很低」這樣的定義比「我們的經銷網一團糟」要好得多。對這個變項定義出可接受與不可接受的範圍，意味著問題的定義是客觀的，且不會受意見左右。

沒有可測量的變項，就算我們不做猜測，最後也很可能會用錯方法。你的朋友說希望身體狀況更好，但這句話的含意因人而異。有人想要靠著減肥來減輕體重，有人是想要增加肌肉量來增強體能，也有人想要鍛鍊耐力好參加長跑比賽。這些問題要測量的變項不同，處理的方式也不同。

有些較不具科技性質的問題，你可能無法精準地測量原初變項。例如，你的問題可能是「我在X情境中太生氣」，你需要維持一致的判斷方式來測量你生氣的程度。因此，或許你只需在筆記本上記下你感到有多生氣，用1到10來評估程度。發展出這樣的技巧需要時間，不過一旦這個行為根深柢固後，就會習慣成自然。

這很像童話〈金髮姑娘與三隻熊〉的故事：有三碗麥片粥，一碗太燙，一碗太涼，我們要的是溫度恰好的那一碗。

## 取得高明的問題定義

最後，就算有了可測量的變項，解決問題者仍會利用周遭的情境脈絡來決定如何正確定義他們要處理的問題。做得糟，會很受挫；做得好則通常會加速推進團隊更快邁向勝利。發展技巧時，有套強力的問題解決法引導你定義問題，會非常有幫助。在第10章〈選擇方法〉中，我會提出一些建議以輔助你選擇有益的方法。你甚至可能發現當你對問題嗅聞得越多時，你會重新定義問題。這沒關係。

我發現，當人們看不清問題在哪時，取得一個界定清楚、可測量的問題定義，能幫助他們豁然開朗。我們來看看許多父母都會碰到的狀況：孩子花太多時間在電玩上。到後來演變成如下的辯論：

「你花太多時間在電玩上了。」

「爸，你不了解我！」

接著便是憤怒的僵局。

我和我大兒子最近也跟上這個話題。從他出生以來我就非常了解他，我也明白對每天該花幾小時玩電動討價還價相當沒有建設性。他是個聰明的孩子，毫無證據就對他說：「你某某事做太久了。」並不能說服他。因此我換了方法試試。

一天，我問他是不是設下了個人目標，每星期玩電玩的總時數要達到多少小時，因為問題的第一階段是我們尚未就時間的計算達成共識。你可以想像得到，這個方法比較容易讓他聽進去。他想了想，回答了一個數字。我覺得偏高，不過總算往對的方向前進一步，因此問題很快解決。接著我們同意有個新問題——「不知道他每週花多少時間在電玩上」——因此必須測量。

我提議他開始記錄玩電玩的時間，以便檢視他達成目標的進度。他只是查看

Steam 遊戲平台的帳號資料就輕易實行了這個絕佳主意。他嚇了一跳，因為他發現自己每週實際花在遊戲的時間遠遠超出他認為合理的範圍。事實是，塞車五分鐘感覺上有一小時那麼久，玩電腦一個下午感覺卻像只過了十分鐘。於是我們倆都同意「花太多時間」這個問題，這是重大進展，因為他正處於想要改進的最佳時機。我兒子聰明、有動機、不願自欺欺人。他著手處理這個問題，力行一套計畫來改變現況。更加理解所需解決的問題，接著只要測量眼前狀態，就足以在許多方面產生助益，甚至還讓我和青春期兒子的關係更好了！

因此，你如何確信你定義對了問題？這沒有終極處方：你必須不斷練習這項行為以發展出所需的技巧。如同我們在前面看到的幾個例子，有時你可能會錯過標誌，必須轉向。

有時你會搞錯，這也沒關係。你要恆常運用這項行為，當你確實地嗅聞問題後，你終會發現自己定義錯誤，那時就是你有了進步。學習會讓你步步趨近，練習則會讓你做得更好。不過，在這段過程中有兩個重大陷阱要避開：偏離範圍，以及在定義時做假設。

## 保持在範圍內

我常常看到團隊把問題定義得太廣，或超出他們的範圍。這麼做會混淆團隊或解決問題者，致使以下三種可能的狀況而造成延誤：

- 考慮或研究的變項範圍太廣。
- 投入在超出能力、技術或權責範圍所及的問題上。
- 其實是在逃避問題。

讓我們想想一家公營企業的任何一種問題。最終，這些企業的目標是讓股東獲得合乎社會責任的盈利。如果你的團隊試圖減少某個企業的碳足跡，那麼對團隊來說問題定義便是該企業的碳足跡，**不是**全球暖化。這是個相當明白的例子，但是適切地定義問題還能讓團隊在判斷企業該投資電動車還是太陽能時避免流於純學術討論。同樣，在處理如何改善供應鏈物流的問題時，不應關注「企業獲利」，因為這同樣很可能會因為討論到行銷策略而岔題。

看向自身範圍之外，可能是逃避問題的一種方式。解決問題者或團隊可能會下意識地想將壓力從自己身上轉移開，將矛頭指向另一個業績不佳的企業部門：「我們其實該注意那裡！」

我記得當二〇一五年油價下跌時，我們許多石化產業的客戶都曾提到說他們的問題是油價太低。這個例子正好顯示了問題定義太虛無縹緲的情形：他們要怎麼影響油價？到石油輸出國家組織（OPEC）會議上發表動人演說？發動一場國際事件阻斷荷莫茲海峽？在好萊塢電影裡，這些都可能發生，但這裡是現實世界。

較佳的問題定義有如解決問題者能掌控的舵輪：他們有能力控制營運成本；他們可以減少每桶石油的邊際成本，減少經常開支，增加主投資項目的價值——也唯有聚焦於此，他們才能賴以減輕他們與股東的焦慮。如同有些加拿大的朋友對我說的：「沒有什麼事比壞天氣更糟了；除非你穿錯衣服。」這對民生用品產業尤其重要：在一群黑斑羚中，被獵殺的總是跑最慢的，而要是你忙著思考你無法改變的事，你就跑不快。

為了避免這點，解決問題高手將問題定義在他們影響力能及的範疇內。他們透過接觸企業的領導階層、靠近問題的人及財務，理解問題的情境脈絡，以及解決問題與企業的較高階目標有什麼樣的直接關連。

## 避免假設

在定義問題時，最危險——也最普遍——的錯誤，就是在還沒真正理解問題整體範圍時，就先對關鍵驅動因素產生了假設。

在我的年代，我見過許多設備可靠性的問題：設備的重要部件損壞，設備停工造成產能下滑。可能是輸送帶或電腦故障。我常看到維修或ＩＴ部門專注於改善反應時間，於是著手改進標籤系統或增設工具運送車，卻不去注意整體的設備停工狀況，解決最初造成機器損壞的問題。這種不精確的處理方式可能帶來某些結果，然而它需要重大的改變行動，而且通常隨著時間逐漸失效。然而，若從單一向度去檢視，停工的根本原因又常遭忽略。這才是需要修正的問題！

多年前我還是個經驗不多的年輕顧問時，我曾與一家製作營養棒的食物包裝公司合作。他們面臨季營運虧損的問題，入不敷出。他們的產品很受歡迎，因此只要他們能製造得更多，就能賣得更多。我們的任務是要以現有設備提高生產率以符合顧客的需求。我們找出工廠的瓶頸，因此解決了許多單純的問題，使輸出大幅提高。

月報表出來了，我們一看大為吃驚，工廠的財務狀況還比上個月差。既然上市的產品量增加，應該能帶來較高的盈利才是。事有蹊蹺。

我們和工廠員工一起花了幾個小時深入研究損益表，終於明白原來公司的總邊際成本高於邊際收益：他們每製造一條營養棒，就虧錢；製造越多，虧得越多——這是我在我們先前動手處理生產問題時從沒想到的事。

更深入的研究顯示設備製造的營養棒超重。要是我們在行動之前了解這點，就會先處理這個問題，上一季的營運就會有獲利了。我們基於一個混入的假設而處理了錯誤的問題。告訴你，這是相當慘痛的教訓，我自此銘記在心：永遠要檢查自己是不是保持對的方向，並蒐集事實以佐證，就算沒人請你這麼做！

## 現在：了解你要解決的問題

該回到你的問題去確認你是真的理解它了。理清你的思路，摒除先入為主的成見和假設，將問題定義成你能客觀測量的事物，以作為問題有無發生的判準。

在思考問題的定義時，拿以下的問題問問自己：

- 是否定義成可測量的變項？
- 是否能明確轉為你的高階目標？
- 是否在你影響所及的範圍內，還是超出你的範圍，需要援助？
- 你的定義是否包括了任何有關問題形成的假設？

註釋：

❶ W. Clemens Zinck, *Dynamic Work Simplification* (Malabar, FL: Krieger Publishing, 1971), p. 122.

❷ Paul Polak, *Out of Povery: What Works When Traditional Approaches Fail* (Oakland, CA: Berrett-Koehler, 2009).

❸ 同註釋❷ p. 9.

❹ 譯註：指不出錯且準時完成客戶訂單的比例。

# 第5章　追本溯源

你如果沒辦法簡單說明，表示你了解得不夠透徹。

——亞伯特．愛因斯坦（Albert Einstein），物理學家你知道你家的抽水馬桶怎麼運作嗎?當你抬起水箱蓋往裡頭看，所有那些零件各自的功用是什麼?為什麼水會留在馬桶底而不流乾?儘管我們天天都在使用馬桶，大多數人對它仍一知半解。我們周遭有很多事物也一樣：車子裡的變速箱、電話裡的擴音器、烤架上焦糖化的洋蔥。

世界上有太多太多的系統與流程，我們不可能一一搞懂它們運作的道理。沒有人能做得到，而且這麼做只是徒然浪費時間。有趣的事情在於，當跟你互動的系統出了問題，在試圖解決時，你有三個選項：你可以靠自己對該系統的粗淺認識、你可以靠專家，或者你可以追本溯源——這表示學習事物運作的基本原理，好建立真正解決問題所需的知識。你若想要解決難題，便需要親自追根究柢去學習。

就假設你的馬桶出問題吧。別怕!這是很古早的物品，應用到的科技非常簡單，任何在讀本書的人都能懂。頂多花上十分鐘研究就能學會。現代馬桶的運作原理是來自虹吸管效應，與從汽車油箱中取出廢油，或抽空兒童戲水池的水都是一樣的。搭配一些隨手可得的動畫，便能知道馬桶有幾種不同的基本型及每個零件的作用。同樣的方法可以套用在變速箱、擴音器、洋蔥上。這些事物很容易了解，但大多數人連碰都不碰。

你不必馬上將時間拿來學習這些事。但是下次當你的馬桶水箱漏水，你聽到水箱不斷在注水時，想辦法了解它是怎麼運作的，試試看！如果你這麼做，也許就能夠去五金行花幾十元買個浮球，再花兩分鐘看段示範更換的網路影片……或者你可以打電話找水電師傅，等上一個禮拜，再花上幾千元得到同樣的結果。不去追本溯源，簡單的問題可能花掉你好幾千元；而難題，非常重大的難題，可能會讓你的公司花費數千萬。對個人來說，它還耗掉你的時間、人際關係和生活品質。

當一個系統出了毛病，總得有人充分理解系統應該怎麼運作，才能想辦法修理。你做為解決問題者的任務，就是要深掘到影響該問題的某個特定部件的根基，才能有條有理、照著步驟解決。這對機器、抵押貸款流程系統、我們的大腦來說，都是不變的真理。所以，不管是你的馬桶、你的倉儲系統，還是你痠痛的左肩，認識背後的運作基礎都對你有幫助。要解決困難問題，這更是成功的關鍵因素。

我的一位同事曾和一家化工廠合作，該工廠設施在整個加工流程中裝了測量壓力、流量、溫度等各式各樣的感應器。感應器的部分功用是，要是偵測到哪個變項落到不安全的水準，就要發出警報以提醒操作員。整個工廠有好幾千個這樣的感應器，而每天有好幾百個被關掉，標示為「誤判」。操作員會習慣性地忽略它們，知道它們壞了，但這引出一個重大的安全危機：要是某個氣閥的壓力**真的**過高了呢？

我這位同事引入了一個全新的解決問題途徑：他深入了解感應器將物理輸入資料轉化為電子訊號的科學原理，再理解電腦將輸入的電子訊號轉為警報的程式設計。這麼做之後，他發現有幾個感應器故障了，幾乎所有誤判警報都出自於它們。當工程師知道是哪些感應器出毛病後，就能很快換掉它們，花費極少，另外也製作了遮罩以維護電子訊號的完整性，並將電腦程式調整成能正確反應出安全訊號或危險訊號。

追根究柢，是現代社會一些最為重要的問題解決法的根基。在一九〇〇年代早期，美國發生重大的牙齒衛生問題：大多數人儘管知道刷牙很重要，卻不刷牙，於是人們掉牙、得種種牙周相關疾病，口腔狀況相當惡劣。

一位廣告天才克勞德．霍普金斯（Claude C. Hopkins）受託向民眾推銷一種新牙膏「白速得」（Pepsodent）來解決這個問題（同時幫一位老友賺些錢）。先前也有人試過牙膏廣告，但效果不彰。

不過，霍普金斯深入心理學根柢。當時現代心理學才正萌芽，因此他沒有教科書可以讀。不過他知道，要讓人天天用一樣東西，就要將它變成習慣。而他從自身經驗得知，建立習慣最好的方式是在提示、例行程序和酬賞之間建立明確的連結。

為了找出他要的提示，他讀了一大疊硬梆梆的牙醫教科書，只發現牙菌斑會隨著時間在牙齒上孳生。他知道他抓到了方向：他的廣告提示人們用舌頭感受牙齒上的牙菌斑（提示），用白速得牙膏刷牙以清除牙菌斑（例行程序），然後享受乾淨舒服的感覺（酬賞）。簡言之，效果驚人，刷牙立刻成為國民習慣，霍普金斯賺進百萬，美國的牙齒衛生問題迎刃而解。霍普金斯對習慣心理學的深刻理解，使得這一套建立習慣迴路至今仍為心理治療師、廣告人、公共政策規畫人所採用。如果你想要知道更多這類案例，可以閱讀查爾斯・杜希格（Charles Duhigg）的著作《習慣的力量》（*The Power of Habit*）❶。

## 了解控制原初變項的因素

至於複雜系統的困難問題，如果你試著同時深入了解每個部分，你很快就會吃不消了。人體是這方面的優良範例。另一個例子是電腦網路，有上萬種各式各樣的節點。而像是核電廠，光用想像就覺得複雜。

解決問題高手不會試圖搞懂全部，這麼做只會浪費大量寶貴的時間在原地踏步。在付諸行動之前花幾個星期或幾個月去了解整個系統，最容易隱蔽住真正的問題並逃避真正解決問題的挑戰。反之，他們深入理解**相關性**。系統的相關部分是指影響原初變項（例如「水壓低」）的部分，如第4章〈了解你要解決的問題〉中所談的。你要了解的是系統中某個會直接控制你的原初變項的那一小部分的基礎知識，而不是要試圖理解全部。

回到我在第3章〈擁抱無知〉中提到的牙膏軟管機的案例，我研究完牙膏軟管機之後，我和其他人都知道系統有三或四個零件需要更換以提升產量，待換零件集中在熔焊頭周圍。而對系統其餘的96%部分，我一無所知，因為與問題無關。我不是牙膏軟管機專家，以後也不會是。重點在於針對系統中對問題有影響的部分深入學習。

不過我對解決問題倒是略知一二，我知道如何獲得我所需的特定資訊以理解與解決問題。或者讀書，複習第一原理（first principles），或者與熟悉系統的人合作以學得有關的科學原理、功能運作等等知識。有些人可能對了解整體全貌有興趣，不過我意在解決難題，而難題永遠不缺貨！我想學習僅限必要的知識，解決問題，然後繼續前進。

## 良好的深掘是什麼樣子

就說你的草坪有點問題吧。草太長了，所以你將原初變項定義為草的長度。你想知道是什麼因素控制了草的長度。當我在解決問題工作坊上問這個問題時，會得到十來個影響草長的有效變項，大致如下所列：

- 雨水
- 排水

- 土壤裡的硝酸鹽
- 氣溫
- 濕度
- 土壤裡的蚯蚓
- 害蟲
- 吃草的山羊
- 每平方呎的草籽數量
- 人們踩在草上的頻率
- 草的種類
- 割草機刀刃的高度

以及其他種種。小組成員越聰明、人數越多，我們討論的時間越長，得到的清單就越長——這只不過是你的草坪！想像你試著檢查與測量全部這些變項的情況。你會注意到如果以這種方式處理問題，其實很像腦力激盪——而你知道我對腦力激盪的看法是什麼。想想更複雜的情況！為了留下一線希望，我們必須簡化

**圖 5.1　控制草長的變項**

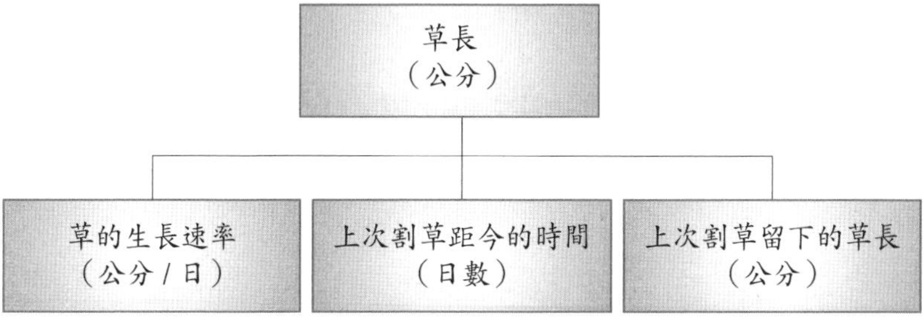


這幅圖。**我們需要藉由認識系統運作背後的科學原理，以了解最直接影響原初變項的是哪些變項。**圖 5.1 可以用來說明這點。

控制草長的最高階變項是這三項：草的生長速率、上次割草距今的時間、上次割草留下的草長。專注在這三點，你便能有條理地拆解出你必須知道的事，並完全掌握它們。我們知道這三項控制草長的變項既完整又正確，因為可以用數學方法計算出來：如果你將生長速率乘以時間，將得到的結果與上次割草後的草長相加，結果就是目前的草長。以這種非常精確的方式追本溯源，有助於我們確實精準地了解是什麼在控制我們的問題。

但如果你流水般列出一份包含二十個不同因素的草長控制變項清單，你一定會漏失掉某些，還要到處奔波去測量這二十件事，而其實每一件都是那三個最高階變項的次變項。

一旦我們掌握了最高階變項，如果解決問題有需要，我們能以類似的方式擴展到下一階。不過你不會想浪費許多時間這麼做，因為那不是必要的，只會增加複雜性。草坪的例子是日常小事，但是同理可見，當事情牽涉到數百條肌肉與骨骼、或上千條管線時，你也會希望能如此掌控。這是有關於簡化，而非複雜化。我們會在第 9 章〈緊守目標〉中更詳加說明。

## 深掘的其他好處

**以這種方式探索問題，可以將一個可能枝節龐雜蔓生的問題轉化在你能掌握的範圍內，穩定進展。**要解決難題，這種程度的嚴謹是必要的，但對於較簡單的問題來說，這麼做也大有好處：

- 所需的檢驗與測量工作量能減少。

- 能省下時間。
- 最後你對流程或系統的要件能瞭若指掌，讓你在未來能更為優化。
- 能讓你創造一個簡化的管理系統，更有效率地訓練你的員工。
- 你有明確而令人信服的說法來支持解答，能讓你在實施行動上建立共識。
- 有助你解決難題的關鍵行為能因此深印在腦子裡。

化工廠的幫浦軸封問題，要是沒有追本溯源，根本無法解決。回想第2章〈嗅聞問題〉，我們發現我們有了不該存在的氧化物。對氧化與熱轉換的知識，讓我們知道軸封溫度過高，使得用於沖洗軸封的冷卻潤滑劑無法發揮作用。

我們測量了沖洗軸封的液流，得知儘管壓力符合規格，但流速仍然過低。我們利用白努利定律，排除了許多高階變項，只除了管子交叉區❷。我們非常確定交叉區太過狹小，因此很有把握地在一段恰巧為五十呎長的管子內找到堵塞物。沒有人猜到這個原因，也不可能有人猜得到。解決難題可能需要學習或重拾一些複雜的事物。你可能忘了某些科學知識，得重新學起，但你不能畏縮不前：如果你想要解決問題，就必須擁抱你的無知，並追本溯源！

要追本溯源，你需要了解系統的專有特性，以及其背後的科學根據。有時你需要搬出說明手冊或教科書、上網，或者向某個比你更了解問題的人尋求支援。

## 只靠故障模式為什麼不夠

在第2章〈嗅聞問題〉和第4章〈了解你要解決的問題〉中，我們考量到當簡單問題具有堅實的問題定義時，有時你可以經由故障模式來解決問題。作為起手式，這可能是個有效的途徑，但不大可能據以解決難題。尋求模式儘管重要，但從某些方面來說，用以解決難題尚有不足。

首先，**相關並非因果**。兩件事情同時發生，並不表示其中一件事是另一件事的原因。這句話會變成老生常談是有道理的。在難題中有許多變項彼此相關。無法理解基礎，表示你無從得知哪些相關指向因果關係，而哪些只是巧合或障眼法。

大多數情況下，不了解基礎就不會知道正確的資料該從何找起。如果你碰到一個非常複雜的系統，不管是自然還是人為的流程，都可以讓你獲得數以百計的訊號，而且全都可以轉為數據。如果不了解基礎，你會忙得像無頭蒼蠅，淹沒於其中。

再者，有時**你會看不清發生什麼事**。我稱之為「這底下好暗」問題。當我的團隊在地表下方深數百呎的乾枯油井內提供協助時，關於油井狀況的資料少之又少，他們靠著精熟油井地圖與地質學知識解決了問題。

第三，有時**問題非常獨特，可能絕無僅有**。在這類情況下，只靠發展模式來解決問題，毫無用處。如果我們看看挑戰者號太空梭事故❸，毫無模式可循，就是這樣。空前絕後。

最後，**你需要修正的變項可能沒有改變，因此沒有出現任何模式**。我曾與一家食品公司合作，他們剛通過一項大型採購案，要縮減數百萬美元的紙箱成本。一天，團隊抱怨自從他們改用較便宜的紙箱後，他們用來將扁平紙箱打開豎成立方體的豎箱機就出問題。

他們痛罵過紙箱供應商，要求改善品質，也花費不少精神抱怨採購結果，工廠雖因此省下數十萬美元材料成本，卻導致他們的生產線塞車。故障模式指出如果要免除他們的麻煩，應該換回原先的紙箱供應商，但這樣一來又要付出他們先前從採購案中省下的錢。

實際上，當我們追本溯源，得知是什麼因素影響了紙箱通過豎箱機之後的形狀，我們確定了豎箱機上幾個需要修正但卻沒有調整的變項。矯正之後，工廠便可以順利使用所有供應商提供的各種紙箱了。如果你覺得這聽起來很像第 3 章〈擁抱無知〉中提到的「紙箱守護神」，那也沒什麼好訝異的。人們沒辦法深入理解事物運作的道理，這是常有的事。這種消極的行為模式造成的後果，我已經看到不想再看：一家企業由於未能好好解決自己的問題，而破壞了與供應商的關係。

## 深掘我們日常生活的基礎

只靠故障模式來試圖解決難題的不良後果充斥在我們的生活中。我記得我年少的時候，我們放假時從香港去拜訪我叔叔（我在香港長大），我們一起吃早餐的事。我叔叔被診斷出膽固醇過高，因此禁止吃蛋。一天早餐，我爸爸點了非常精緻的三顆蛋煎蛋捲。我叔叔臉上的神情令我難以忘懷。他渴望地瞪著我爸爸的餐盤，說：「我一整個星期只能吃一顆蛋。」他真的很喜歡蛋。

醫生曾經建議人們盡量減少膽固醇攝取量，以期控制體內膽固醇的生成量。假如你的膽固醇偏高，人們告訴你最好一點膽固醇都不要吃。

但是在當時，大多數人不了解基本知識——人體會把所攝取的膽固醇分解成小的成分，人體也會自行製造膽固醇，而且有好幾種方法可以控制膽固醇。你吃進多少膽固醇，跟你血液裡的膽固醇含量很可能完全無關。

這是不好的問題解決法。醫生立意良善，但他們的建議僅是他們做出的最佳猜想。他們發現相關，找到相配的好說法，就驅策人們遠離蛋，改吃一些可能比蛋更不健康的食品。

這就是我對此如此熱衷，對不良的問題解決法感到如此沮喪的原因之一：不良的問題解決法不是只對經濟造成衝擊，也對人本身有很深的影響。良好的問題解決法可以將我們的生活導向更快樂、更健康、更豐富的樣貌，我希望這世界上到處都是能帶來這些益處的解決問題能手。

理解新陳代謝、飢餓、心理的基礎知識，有助於解決看似難以捉摸的減重問題。在美國，這是相當嚴重的問題，有許多人與之纏鬥，受盡折磨。許多人用盡一切努力想要瘦，卻徒勞無功。

如果你曾經嗅聞問題，你大概已經知道問題在於你吃進的熱量超過你應當攝取的量（如果你還沒有，我推薦你紀錄你所攝取的熱量，並追蹤數天——這對你描述問題時相當重要）。當深入探討是什麼控制你進食多寡時，當然就會發現飢餓是其中一個變項。或許過去你曾試著少吃點，但總是敵不過飢餓感。

醫學界近年來在研究食物對我們的影響上有大幅進展，有些較簡略的研究會指出某些特定食物帶給人較持久的飽足感。於是，與其「只能吃甜椒」或某些彆彆扭扭的食物，你可以研讀研究或親自實驗以了解哪些食物能讓你不容易感到餓，然後試著多吃它們。就我自己而言，我知道早餐吃兩顆白煮蛋可以讓我到了午餐時間還不很餓。這是我改變飢餓感問題而不須與其他目標妥協的一種方法。

要成為解決問題高手，你必須養成樂意追本溯源的習慣。

## 現在：追本溯源

該著手練習追本溯源了！看看手邊有沒有需要解決的問題，去了解系統是如何運作的：直接觀察，翻找說明手冊，上網找資料研究。只要確認你要理解的是最高階變項，而不是打算全盤通曉。

如果你現在沒有問題要解決，提醒自己馬桶的原理。打開水箱蓋看一看，試著搞懂，然後找個人解釋給他聽。如果這對你來說還不算太難，就去弄懂你的汽車變速箱。

---

註釋：

❶ Charles Duhigg, *The Power of Habit.* (New York: Random House Trade Paperbacks, January 7, 2014).

❷ 在流體力學中，白努利定律描述當流體速度加快時，流體的壓力或位能會同時降低的現象。這條定律是以物理學家丹尼爾・白努利（Daniel Bernoulli）命名，他於一七三八年出版著作《Hydrodynamica》中提出此定律。

❸ 譯註：一九八六年1月美國NASA在佛羅里達州發射挑戰者號太空梭，不幸在升空73秒後在空中爆炸，太空梭上人員全數罹難。

# 第6章　別依賴專家

信任，但要檢驗（*Doveryai, no proveryai*）。

——俄羅斯古老諺語，因美國前總統雷根說過而知名有專家在身邊是再好不過了。我知道這不是你想要在本章開頭看到的句子，不過這是真的，我說真的。只是別依賴他們。

解決難題時，你會碰到你不熟或不理解的事物。我曾經讀過一些手冊，其中有些地方真的令我丈二金剛摸不著頭腦。有時是科學部分太高深，遠遠超出你所學或你智力所及，而無法迅速融會貫通。這時你需要專家來協助你解決問題。向對的人提問一些大問題，也能省下你硬讀無聊的技術手冊或艱澀的科學書籍的時間。你在試著修理事物（機械設備、管理程序、軟體等等）時，會想要和熟悉它們的人一起工作；你也需要這樣的人，他們投注了你未曾花費的多年光陰鑽研某門科學，從化學工程到心理學。

這些專家特別被稱為主題專家（subjects-matter expert, SME）。他們在特定領域經驗豐富，由於對某些事物的理解非常專精深入且長期投入，而博得名聲。這些專家可能是特定設備的操作員或技師，例如會計、ＩＴ專家、律師、設備供應商、政治民調顧問、私人教練、心理學家、治療師等。他們在特定主題上懂得比你多，且有很多事可以教你。他們值得你尊重與關注。

我父親是這類專家之一，他在大學當了三十多年的冶金學教授。在我年幼時，我們會散步穿過香港，他會指著生鏽的東西告訴我那是鏽蝕。現在我在漫步城市時，很難不去注意到任何鏽蝕現象。我從他身上學到很多，也深深感謝他的豐富學識與他教給我的價值觀。

有東西嚴重損壞，保險公司想搞清楚出了什麼差錯時，常向我父親求助。諸如升降梯的鋼纜為什麼斷掉、起重機為什麼從大樓上摔落等等。他會研究情況，可能用高倍速顯微鏡觀察零件，釐清損壞的方式、壓力如何作用在其上、零件為何承受不住壓力。

我父親不只是主題專家，還是個解決問題高手。當兩者合一時，實在非常方便，但這不是常有的情形。你的主題專家也許是個解決問題能人，但也許不是，你必須非常小心不要混淆二者。

在簡單的問題上，專家也許能比你更快提出有根據的猜測。他們能夠發現某些你漏掉的模式，或者發現一處和過往近似的問題，如果他們根據過往經驗猜對了，就可以省下你不少時間。

解決難題時，專家可能有助於進展，也可能不會。你或許最後會走入死巷，或許他們只是說聲不可能，就把進展全部抹煞。這完全取決於你是否能利用他們的優點而避免他們可能造成的缺點。你應該利用專家，但別依賴他們。

這之間的差異不明顯，但很重要。利用專家，意思是問他們那些有助於你理解科學、流程或機器設備的問題，讓他們幫你釐清你所查看的資訊，或得知從何找到你所需要的資訊。而依賴專家的意思是把掌控權交給他們，把解決問題或宣告解決不了的責任交給他們，把權限交給他們，讓你或你的組織盲從於他們的猜測或結論。

## 人們為何依賴專家

人們解決難題時，在沒把握可以快速進展的情況下，通常會依賴專家。他們一般而言都相信會有個更快、更容易、更安全的解法。他們對主題專家解決簡單問題有印象，於是認定專家是在面對同一套狀況，只是問題難了一點。的確，如果你能用於解決問題的工具只有猜測一途，好的專家會是你能找到最厲害的猜測高手，因為他們能根據經驗猜測。

但是在困難問題上，情況大為不同。尋求幫助時，你必須了解你要雇用的是恰好熟知該領域的解決問題高手，還是能好好協助你的主題專家。

人們也期待專家能提供他們政治掩護。這層掩護能讓團隊或領導者免受外部監管、內部調查或避開你的上司。找專家進來的舉動展現出你們正在採取行動，而且如果專家聲稱解決問題需要經費，你不會受到壓力。儘管處在需要政治掩護的情況，解決問題高手仍然專注於找出問題的根本原因，執行實際的解法。他們會很樂於利用主題專家來達成目的。

## 依賴專家的陷阱

一旦專家做了決定，就幾乎不容質疑。要是他們是對的，而你也還不是非常優秀的解決問題者，那倒還好。你有保障也感到放心，事情也恰好解決了。但問題在於當他們搞錯事情，或決定執行一種毫無建設性的做法，這很可能在解決難題時發生。專家的意見通常被視為金科玉律，要質疑，即便是根據正確的事實，也會非常令人膽戰。當你要求主題專家**為你解決問題**而非協助你理解某項專業，你就是在全權依賴他們。

你可能很幸運：你的主題專家恰好是個解決問題高手。但大多數時候，他們只是像一般人那樣猜測，因為他們過往靠這招解決了許多簡單的問題。要求他們來解決你的難題，並不會導向高明的解答。

尤其有三項因素會讓主題專家不適合為你或組織解決問題。專家可能會：

- 覺得他們需要立刻給出解答。
- 立場不一致。
- 有「知識的詛咒」。

## 立即的答案

依賴專家的危險，首先在於他們的名聲來自於對快速解答的需求。「嗨，我們找你來，你是這方面的專家，解答是什麼?!」這無異於對專家施壓，要他必須立即猜想一個解法。

主題專家之所以有價值，是因為他們懂得某些事，而且瞭若指掌。要展現他們的價值，意思是要展現他們對某些事知之甚深，不管是不是有幫助，這都表示他們得避免顯露自己**不懂**。許多主題專家有層隱含的信念：他們要是承認對某個細節的無知，會損及別人對他們的信心。當你向他們索求答案時，他們理應給你一個答案，而不是說「我不知道」。

在我朋友母親的車子案例，那位經銷商專家曾經猜測「可能是軟體瑕疵」或「可能是電線短路」，於是將責任推給商店，而店家也找不出原因。其他人則告訴她**車子沒有問題**，因為他們不能說「我不知道問題在哪」。這種心態造就了大量時間的浪費，她甚至還考慮要引用消費者保護法（lemon law，又稱檸檬法）來更換車子。

## 立場不一致

再者，在主題專家與你或你的團隊之間總會存在基本的利益衝突，無論專家是來自組織內部還是外部。賣家是個很好的例子，他們收費的方式會影響他們對你所需的解答的想法。這不必然牽涉到不誠實或什麼撿著八字鬍的奸詐惡行，可能只是引起一種潛意識偏誤。

如果舊模組出問題，你找了硬體或軟體供應商來查看，你就必須記住，他們的任務不只是在推銷你一套新的模組，他們恐怕已經自我推銷成功，深信新的模組對你才是最好的解決辦法。如果你有一項新產品而生產量不足，你向供應商求助，他們八成會理所當然地坦白告訴你，買台造成生產瓶頸的新的或型號相近的設備，並且會向你展示購買的投資報酬率有多好。

一個更有趣的情況是專家和你的組織在風險─報酬計算上立場不一致。一般來說，主題專家基本上傾向保守：他們的名聲好壞端賴有沒有搞砸事情。一百個開心的顧客會帶來口碑，但一個不滿的顧客可以毀掉他的職業生涯。萬一有事出錯，最要緊的是要避免被責怪。

避開風險不是好事嗎？如果風險和酬賞都是由同一個人承擔，那當然是好事沒錯。但是大多數的主題專家是處在花**你的**錢做保守評估的位置上。

幾年前，我買了兩間獨棟別墅用來出租。在這種情況下，設立一間有限公司（LLC）來保護其他的資產，以防萬一這些投資出差錯，是很常見的做法。可能會有人在你出租的房子裡絆到腳，從樓梯上跌下來，於是告你，把你擁有的一切掃光。一般而言，人們會為房產個別設立公司，這樣萬一其中一件資產出問題，才不會牽連到其餘的。

我一邊規劃我的投資，一邊指示我的律師為兩間出租屋設立一間有限公司。因為我討厭文書作業，設立兩間公司聽起來像是需要重複兩遍這些討厭的流程！我也針對被告可能性做了研究，看起來發生機率相當低。碰巧我是向一位商務專家朋友諮詢，我們的計算結果顯示，以一間公司管理兩棟房產，比起分設兩間，我平均獲利高於千倍。

律師當然堅持我應該設立兩間公司，我花了很大的力氣阻止他這麼做。幸運的是，對於如何有效駕馭專家，我還算有經驗。成立兩間公司可讓律師收取兩倍費用，但我認為他的動機並不在此，而是出於更為保守謹慎的想法，但是在這種情況下沒有一位生意人會決定設立兩間公司。你可以想像，要是律師成立了一萬家這類公司，而其中有一間出錯，事情便會如此傳開：他當初要是建議客戶將兩棟房子設立在一間公司名下，現在就慘了，他的客戶就會在訴訟中損失兩棟房子而不只是一棟了。事關他人錢財時，提出保守的建議比較簡單：沒有後退一步考慮可能的利益衝突時，別要求主題專家幫你做生意上的決策。

## 知識的詛咒

依賴主題專家的另一項危險在於，他們廣泛的經驗在解決獨特專一的難題時可能反而造成心理障礙。「知識的詛咒」是一種認知偏誤，會導致對某個主題擁有大量資訊的人無法以全新的觀點和方向去思考。

主題專家擅長在熟悉的領域中迅速找出模式，這在解決簡單的問題上效果強大，但在較難的問題上反而可能成為弱點。就如其他的成見，專家可能錯失或忽略那些不符合他們先前概念的資料，這種傾向可能導致他們遽下結論，而且不容質疑。回到我的律師設立公司的例子，這可以較簡單地解釋問題何在。他非常習慣為每棟房子分別設立公司，使得他很難考慮有其他可能的做法。

## 解決問題高手如何利用專家

當你碰到較複雜的系統或流程上常見的難題時，主題專家可以在你進展的方向上推你一把。他們可以回答你的疑問，幫助你找出控制問題的變項，指點你系統的哪些部分能引發洞察。

所以，該怎麼妥善利用專家？首要規則是**別要求他們幫你解決問題**。別問他們「這是什麼造成的？」而要提出「教我明白這零件是怎麼運作的」這類請求（見表6.1）。讓他們指點你往對的方向取得解決問題所需的資源。當你應付他們時，專注在你正處理的特定變項上：如何測量，以及是什麼變項控制了它。定位良好的主題專家，在協助你更快找到對的問題的答案上是無價之寶，在需要他們專業技術的情況下，他們的參與能幫助你找出高明的解決方法。

記住，主題專家也是人，而且也可能不像你這麼擅長解決問題。你需要運用你所發展出的解決問題技巧和才能來引導他們。如果他們開始猜測或腦力激盪，把他們拉回到更嚴謹精確的方法上。如果他們把某件事陳述為事實，但你沒看到任何支持的證據，就幫他們挖掘更深入的答案。

讓他們幫你了解科技術語和行話，你在任何電腦系統附近的詞彙表中都可看到一大堆。他們可以幫你明瞭系統應該如何運作，資料串流是指什麼，背後的科學原理為何。要求他們解釋科技細節或某種現象，能把你和他們一起推向成功。

有時候人們過於致力不依賴專家，過猶不及。這可能導致「親力親為，過程

## 表 6.1 別依賴主題專家解決你的問題

| 別…… | 要…… |
| --- | --- |
| 只是向他們討解答。 | 請他們協助你了解事物運作的原理。 |
| 問他們心中的最佳猜想。 | 知道他們在嗅聞問題時注意到什麼。 |
| 問他們你下一步該怎麼做。 | 問他們流程中的哪個部分可以找到你需要的資訊。 |
| 期待他們幫你解決問題。 | 謝謝他們的協助！ |
| 讓他們擋住你必要的探究途徑。 | 招募他們協助你移除路障。 |
| 讓他們在沒有事實根據下用權威來指揮你。 | 請他們幫你取得能支持他們說法的資料。 |
| 讓他們使用你不懂的術語行話。 | 利用他們解釋專門知識。 |

比結果重要」的心態。我得承認我自己也數度犯下這樣的錯誤，無論是在職場還是居家。

我記得一個特別尷尬的例子：我決定重鋪屋子裡某面牆壁的石膏板（Drywall）❶，完全自己來。我心想，「我辦得到！有什麼困難的？自己動手做比找師傅來要快。」切割石膏板，把板子貼上牆是很容易，但當要開始敷塗填縫混合料時，我才發現我缺乏這道工序所需的技巧和耐性。於是，儘管耗掉了大把時間重做，我最後還是得到一面凹凸不平、難看的牆。我當初應該去向了解這些技術的人求助並接受訓練。

我們可以把我們和主題專家的關係想像成光譜上的某個點，處在完全靠自己（完全不靠專家）與完全依賴專家（交出全權）兩個極端之間。在這道光譜上找到適當的位置，可以促進解決問題的流程，獲致既簡單又精省的解決方法。

當你與主題專家合作前進時，記住他們可能不如你擅長解決問題。不管是否如此，你要是想成為更好的解決問題者，就必須學會如何有效地與他們共事，而非依賴他們。

## 現在：別依賴專家

在你去見下一位專家之前，擬定好你想問他們的問題。那些問題應該：

(1) 與嗅聞問題或追本溯源有關。

(2) 不是要尋求意見或解答，而是要獲得事實。

你對專家事先應持的期望是：**不要求他們解決問題，而是要時常請他們解釋清楚他們口中那些術語的意思。**

---

註釋：

❶ 譯註：在北美常用來作為室內隔間用的建材，多半為石膏，一面敷有厚紙以防石膏碎裂。比鋼筋混凝土和磚塊輕，又好施工，適用於木造房子。它是一片一片的薄板子，可直接敷貼在牆面上。

# 第7章　相信有簡單解答

不管你相不相信你辦得到，你都是對的。

——亨利・福特（Henry Ford），美國工業大亨

「納特，你不了解：這東西有自己的意志。」我做這行久到類似的話我聽到不勝其煩，在各式各樣的問題中都會冒出來。當人們把一件無生命的事物、機器或系統賦予人格之後，他們似乎就相信問題沒有簡單的解答——甚至無法解決。

我也聽過這樣的話用來說人，像是：「他們就是不負責任」、「我就是做不好」；或用在健康問題上：「我的身體就是愛挑剔。」把問題化成神祕現象，是在暗示你沒辦法用理性處理它，任何可能的解法都因而變得複雜，所以就別傷那個腦筋去解決，學著與它共處吧！對我而言，這樣的信念很顯然會導向失敗。

人們如此把難題神祕化是因為這麼做比較舒服。如果問題是個超自然巨怪，我們可以對自己說是這當中有個什麼妨礙我們解決它，而不是我們缺乏技巧。如果問題「是藝術而非科學」，那麼我們就不必非得從根本原因修正不可。

解決問題高手則是相信難題都有簡單的解答，運用嚴謹的問題解決法即可獲得。這項信念將採取行動的責任看得非常重要，無可逃避。

我所謂的簡單解答是什麼意思？一旦你明白了真正的根本原因——在一個複雜系統中有一、兩個變項沒有妥善運作——你就確切知道問題在哪。你如何能判斷這點？首先，你和其他人都能理解，因為你不必借專家之口就能提出一個強有力的因果關係說法。第二，你可以刻意讓故障發生。

## 當你相信有複雜解答時會發生什麼事

我記得一個令人卻步的任務：試著整理衣櫃。我和太太共用一個衣櫃，接著我們的衣物開始「交疊」。要怎麼將衣服分類並全部塞進衣櫃，實在令我傷透腦筋。那時，我並不相信有簡單解答。我認為我得來個大更動：改變我的分類方式，或著把非當季衣物打包貯藏到閣樓上。在考慮複雜解法時，我發現自己對這個情況很惱怒，很容易就把目光撇向我太太的衣服，認為解決辦法在那裡。

一個朋友讀了有關簡單生活的書，對我說：「不難，其實很簡單！只要清掉你用不到的東西就好！你也不會有儲藏或分類的困擾了。」我一意會到這其實可行，只花了一個半小時就清出我穿不到的衣物。我拿起一件T恤，發現它是我最愛排行榜的第三十名。我決定把衣櫃裡一半以上的閒置衣物捐出去。當我全部清理完後，我多了很多空抽屜和空格子。現在我很容易找出要穿的衣服，我只穿我喜歡的衣物，所有多餘的物品還能幫助別人。

當你不相信一個難題有簡單解答時，你就只能選擇複雜解答。複雜解答很容易取得，但通常要付出高昂代價。你可以花錢買個新的而不去理解東西是怎麼壞的，這樣也許能解決問題，但也許不能，如同化工廠的幫浦軸封例子。於是你轉向另一個造成複雜影響的解答，像是把軸封加大，或者更頻繁更換。複雜解答的效用比較像是頭痛醫頭，腳痛醫腳，而不是找出真正病因根治。更為潛藏的危害在於你的組織相信事情已大功告成，資源已經有效地運用在最優先的項目上了。

複雜解答的一個經典案例是一家工廠的地板。那家工廠有某項設備的效能衰減，組織達成共識，要買新機器更換。你會認為這只需要花錢而已。的確需要花錢：對任何一家工廠來說，購入重大設備的費用相較於他們的收益與可用現金，通常偏於昂貴，購買一台新設備通常意味著要舉債貸款。但是你如果從沒親臨過一家工廠現場，你就無從想像這個解答的複雜性。這些工廠的地板上通常擺滿了各種機台設備、輸送帶、管子、貨物棧板、電導線。如果你看著任何一家工廠的地板，想像要如何撤出一台舊設備、安裝一台新設備，這件事情馬上就顯得棘手了。這就是複雜解答會讓你面對的混亂狀況。想想看，如果你可以靠著解決老舊設備上的一兩個問題就讓它回復正常效能，繼續為工廠服務十年呢？

我們協助過一家化學加工廠，他們有個汙水處理場，用來將一種危險化學副產品分解成兩種無活性物質。幾年後這項設施的滌清效能降到百分之五十以下，但其餘的副產品仍然需要處理。為了「解決」這點，工廠付給另一家公司一大筆錢，將那些化學物質運過去請他們滌清。

解決問題高手在進攻這個問題時，會相信問題一定是出於一個直接的根本原因。這個信念導致他們持續不斷嗅聞問題、追本溯源，最後他們測出滌清器（scrubber）內某個關鍵點的氣流太低。

於是他們將該段管子拆下來觀察，發現那段管子因為受潮形成的腐蝕物而堵塞了，使得氣流幾乎噴不過去（這是必要的程序）。他們清潔管子，並在入口處加裝除濕器，於是這項設備又恢復效能正常運作了。一旦發現了根本原因，對於組織與其損益來說，將解答付諸實行要比將物質送去別處處理的權宜方案簡單得多。

## 人們為什麼相信複雜解答

為了更深入了解這個信念背後的驅力，我們看看大多數人試圖解決難題的直接經驗。請考慮到大多數人都習慣了蹩腳的問題解決法，該種做法總是比良好的問題解決法導致更複雜困難的解決方案。在許多組織中，人們太習慣這種模式，以至於相信複雜問題**必定**有複雜解答。很多人在第一次面對簡單優雅解答的衝擊時，反彈可能會很大：他們會認定簡單解答意味著問題也很簡單，因此必然是因為有個白痴讓問題發生或無法解決。於是許多組織形成了政治壓力去壓制簡單解答的信念。

要想成為解決問題高手，你需要立刻消除心中的這個想法。如果你相信複雜解答優於簡單解答，或者相信最好先採取簡單的猜測捷徑，然後硬扛一個複雜可怕的執行計畫，那麼你最好現在就放棄。如果你還抱持觀望心態，那麼考慮一下事實上很可能有許多簡單解答是被粗糙的問題解決方式掩蓋了，數量之多遠超過你所以為的程度。

## 當你相信有簡單解答時會發生什麼事

這麼說吧：你有時睡不好，或許你靠安眠藥物助眠，但你怕會依賴上癮，而且你當然不大明白發生什麼事。與此相對之下：「每當我晚餐吃了乳酪，我就睡不好。」因為原來你有中度的乳糖不耐症狀。這點你可以測試，只要你吃乳酪的那天，你便睡不好；當你沒吃乳酪，那天你便睡得好。

源於正確解決難題的簡單解答，一向能帶來最有效的結果，無論你想達成的目標為何。

如果你相信這個簡單解答，你的行為就會改變。首先，你不再迴避問題，而會直接進攻，因為你可以想像到問題得以省時省力且輕易徹底解決的未來是什麼樣子。第二，你不想再勉強接受複雜解答了。如果你相信你的收縮膜包裝機會撕裂袋子的原因可能簡單到只是有顆鬆脫的螺栓干擾了機器的功能，你就不會容許花大錢買新機器取代舊機器的做法。

別把「相信有簡單解答」搞混成「希望簡單的猜測猜對」。後者多半導致失敗。看看減重的例子：不同的朋友試過以下這些猜想，但都徒勞：

- 或許我過重是因為我沒有一台跑步機。
- 或許是因為我攝取太多油脂。

- 或許是因為我沒有雇用個人教練。
- 或許我應該少吃一餐。
- 或許我應該禁食一陣子再來放縱飲食一天。

你絕對可以繼續列舉下去。像減重這樣的難題，不該用這樣的解決法。我的朋友，還有許多人，試著解決這個問題但失敗了，是因為他們猜測許多解答，有些很複雜，有些則完全搞錯方向。

許多人之所以能減重，是因為他們開始相信有簡單解答，並著手解決問題，這讓他們能確實著力去發現根本原因。他們不使用任何風行一時的「超神奇小技巧」等沒根據說法，而是去了解他們與體重搏鬥的根本原因，根據這份理解找出解答。

在我家，我曾經與廁所衛生紙告罄的問題纏鬥不休。我試著要求家人更加留意警覺，但這種做法是複雜解答，不管用，反導致無謂的爭吵。後來我改變了做法，只買了一支衛生紙塔（如圖7.1），這樣一來，廁所衛生紙很少用完，而且我們很容易及早發現衛生紙需要補充。

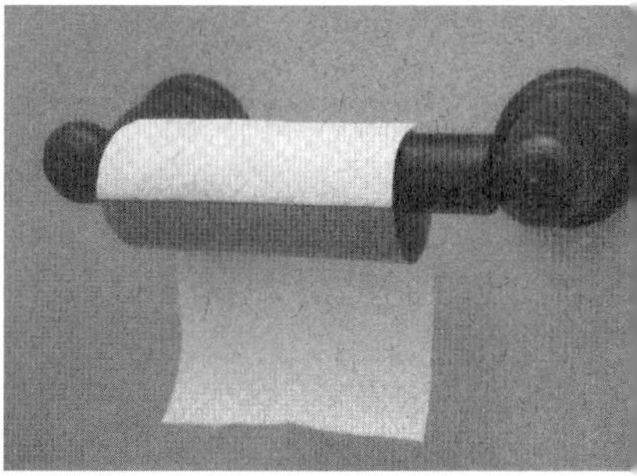

用更加簡單的方法解決這個問題

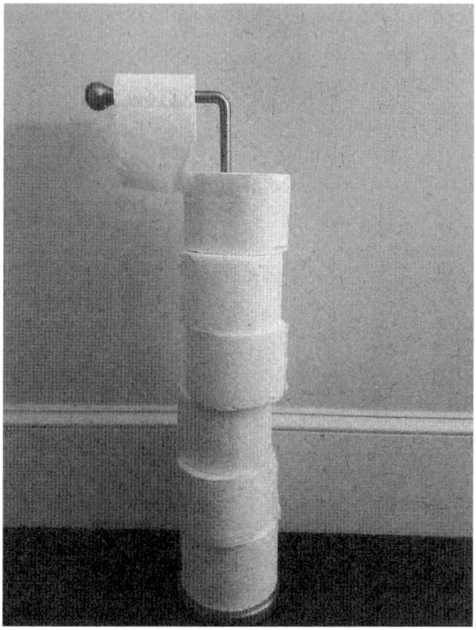

**圖 7.1 更加簡單的解決方法**

我協助過一家公司，他們製造高級化妝品包裝用的塑膠軟管。軟管造好後會轉插到一條長鏈上的針上，長鏈不停繞圈以空氣冷卻。流程的下一步是要將軟管印上搭配的設計圖，所以軟管接著要送到印刷機上。軟管會從針鏈上被吸入一部真空歧管（manifold），再傳送到印刷機。

問題出在軟管有時會飛離歧管的入口，因為針不直或是鍊條有些微不同步。我還記得那位可憐的技工，他每星期花不少時間調正長鏈上的針，好讓管子能正確傳送，而針會彎曲是因為不時總有事情出錯，使得管子偏離了原本應該對準的位置。該如何確認所有的針隨時保持筆直，他們討論了很久，但似乎是個難以達到的目標。有人提議該撤換整個系統，不過整個團隊人員多半帶著無望與聽天由命的心態，似乎目前讓技工耗時費力地執行這項乏味無酬任務的解法是老規矩，就過得去了。

在妥善研究問題並理解關鍵變項之後，我便提出了一勞永逸的解答，而且只花半小時便執行完畢。我們設置一面很大的擋網，讓管子就算太過偏離目標，仍然可以彈回到正確位置。這是個相當簡單且高明的解答，技工因而開心許多。

我可以預料到有些懷疑論的說法：「要是真的沒有簡單解答呢？」我要你思

索這句話的含意。我們能夠理解支配某些行為的物理、化學乃至生物學原理嗎？絕對可以。了解問題的根本原因所導向的解答，有可能不比不了解根本原因而產生的解答簡單嗎？也許會，但不會導向更複雜的解答。

如果你不相信有簡單解答，你就不可能找到它，不管它究竟存在與否。而且它通常存在。所以要想成為解決問題高手，你需要培養出這樣的信念，才能採取相應的行為。要做到這點的唯一途徑就是親自找出佐證。

當我在訓練解決問題者時，這是我們建立動力時反覆提及的流程。人們發現令人卻步的難題有高明解答，便會更有信心勇於碰觸更難的問題。你得開始解決一些較簡單的問題，發掘其根本原因，才能進階到較難的問題。如果你在一開始時感到有困難，找一位合適的導師帶領你去體驗。

## 讚頌簡單解答

在諸多解答中，簡單解答可能會遭誤解——人們會以為解答簡單意味著問題簡單，有簡單的解答意味著確實是人為搞砸。想像你走進捲筒衛生紙公司的會議室，說：「這整個供應問題只是一顆鬆脫的螺栓造成的！」或是走進化工廠的主任辦公室說：「我們花了大錢的環境廢棄物處理問題，原因出在一段生鏽的管子！」他們很可能不會輕易接受。

真正的解決問題高手一旦發現解答，能相當有力地傳達問題解決流程的價值與問題的難處。對那些不熟悉如何解決問題的人而言，簡單解答看起來可能很差勁，因此你要確定你有好好說明引領你發現解答的問題解決流程。

在職場上，我訓練人們用以下方式報告他們的發現：一開始便呈現能顯示問題已獲解決的資料——一目瞭然的結果。畢竟這是人們最在乎的事，而且你報告時一直讓別人搞不清楚狀況是很殘忍的。接著將你所運用的問題解決法照著流程從頭一一說明。在結尾，揭曉簡單解答。

當你相信你能解決某些問題時，人生會變好，而當你相信你能用簡單高明的方法解決問題時，人生會更好。當你確信問題有根本原因，並且有個高明簡單解答可以運用，實踐會變得容易得多：你的解決辦法省錢省力，還很吸引人，你也能帶給你的組織或家人信心，讓他們也相信這樣的解答能帶來更良好的結果。

## 現在：相信簡單解答

提醒自己，你所解決的問題有遠比你以為的要更簡單的解答。也許你與別人有些爭執，你認為要是你向他們提起來，他們就會爆發，但結果其實沒事。當你接觸問題，尋求其他簡單解答時，牢記這個故事。

# 第8章　依據事實做決定

事實上有兩件事：科學和意見，前者引致知識，後者引致無知。

——希波克拉底（Hippocrates），古希臘人，醫學之父

你可能熟知這個故事：二〇〇二年的美國職棒奧克蘭運動家隊面臨一個嚴重問題。他們屢戰屢敗，他們最好的球員打算退隊回復自由球員之身，他們的預算很少，簽不起能撐住球隊的大牌選手。運動家隊若要轉強，得在手頭拮据的情況下找到人才。

傳統上，球探大多靠直覺和經驗評鑑人才的價值。他們看過的比賽不計其數（其中許多人甚至打過比賽），因此他們自認是伯樂，能辨識出好球員的樣子。他們只看幾個數據紀錄的高標，如打點和打擊率，以及一些主觀評鑑，如擺動和準備擊球姿勢。最終，他們所擬定的招募決策是基於意見，與球隊贏球之間並不確實有關。這使得招募球員變得特別複雜。由於缺少事實，「一窩蜂心態」（herd mentality）會接管：當一群球探開始對一名球員產生興趣後，該名球員在其他球探眼中的價值就提高了，他們的出價也就跟著上漲。在這種情況下，運動家隊的球探難以競爭。

一位年輕的哈佛經濟系畢業生，名叫保羅·狄波德斯塔（Paul DePodesta），他提出一項激進的見解，指出物色和招募人才的決策可以完全根據事實，將球員的統計數據與球隊獲勝直接連結。他更提議應用「賽伯計量學」（Sabermetrics，或譯棒球統計數據分析），依據球員上壘率來評估其才能。這種新穎的評估方法幫助運動家隊用低廉的薪資招募到表現穩定但被低估的人才，在拮据的預算下建立一支堅強的隊伍。隔年，他們連贏二十場，刷新職棒大聯盟紀錄。波士頓紅襪隊效法他們，而後贏得二〇〇四年世界大賽（World Series，美國職棒大聯盟每年十月的總冠軍賽）。現在這已成為聯盟各球隊的標準做法。

這項事蹟寫成了《魔球》（*Moneyball*）一書，並改編成電影[1]。我覺得這個故事最有趣之處就在於狄波德斯塔遭遇的莫大阻力。運動家隊的球探太慣於依據意見做決定，以至於絲毫無法想像在物色人才過程中依據事實做決策是怎麼一回事。他們揶揄、反對狄波德斯塔的每一步行動。每個上電視節目發言的聯盟人士都在批評他的做法。幾乎每個人都強烈堅持直覺與經驗是招募決策的不二依據。當然，最後證明狄波德斯塔是正確的，不過這是個很好的教訓，告訴我們在解決問題過程中擁護事實有多麼艱困。

當你解決自己的難題時，意見絕對會在某些決策時機冒出來。如果你與團隊合作，每個成員都會有自己的意見。解決問題高手也會有意見，但不同之處在於他們能辨識出這是意見而非事實，然後將之擱在一旁。

「基於事實的決策」相對於「意見」，是什麼意思？好比說你正要幫辦公室同事一起訂披薩，你可能會說：「我認為大多數人想吃義大利辣肉腸或起士口味。」這就是你的意見。如果你對辦公室的所有人做意見調查，可能會發現不一樣的結果，這就是依據事實。即使是類似「上次我們訂披薩，義大利辣肉腸和起士口味都吃光了，夏威夷口味還剩兩塊」的陳述也是根據事實的觀察心得，你可以據此做出更佳的決定。沒錯，就是這麼簡單。

我並未期待「嘿！依據事實做決定吧！」的想法被當成什麼驚天動地的革新概念。它更像是理所當然的老生常談。然而大多數人都做不到。可能就像是你的醫生告訴你，健康之道在於吃好、睡好、做運動。這你當然知道。

你在解決問題時如何做決定，也是同樣的道理。我的經驗中，我發現無論什麼公司、什麼樣的個人生活還是政府機構，有很多人完全不顧事實，有特殊理由促使他們逃避時尤其如此。但是大多數人相信他們依據事實做決定，其實他們依據的是意見。

## 識破基於意見而非事實的決策

基於意見的決策大多會偽裝成基於事實。在二〇〇四年之前的棒球球探當然相信他們是根據事實做決策：他們出門看球賽，看球員揮棒打擊或接球；他們查看體適能綜合報告。問題是，他們把某些觀察結果擺在前面，然後將意見用於決策。

在公司，這種偽裝利用一種常見的手法：「團體智慧」或（內部或外部）專家智慧。針對基於意見形成的不同決策，可能進行投票表決或以客觀方式評比。事實上，有些問題解決法還鼓勵使用這類決策行為。

想像一下一群人要決定去哪家餐廳吃飯，我們可能會先收集大家的意見，形成「共識」（consensus opinion），這個想法是：最大的快樂平均值來自最多人喜歡的選擇。團體智慧在找出最多人偏好的選項時行得通，但很不幸地，常被推廣到完全不合宜的情況。在醫院，你不會隨機找十個人請他們投票選出適合做手術切口的位置。優秀的外科醫師會根據病患的實際狀況與解剖學知識來決定動刀部位。

在餐廳的例子中，特別的是，事實**正是**人們對餐廳的偏好。問題定義是：「我們不知道在哪家餐廳用餐會讓最多人開心」。形成共識，即是收集該問題的事實。有些案子的目標是要將偏好最大化，在這類情況下，偏好是具體事實。但若目標不在此，那麼聚焦在人們的意見上則無助於解決問題。

有時解決問題者不是親自去查證事實，而是用他們或其他人對事實的假設來做決定。當某些事情「人人皆知」時，這個問題更是嚴重。當然，在我們這個年代，最大的問題解決戰爭之一就是腰圍之戰。如果你跟我差不多年紀，你可能記得「油不沾口，肥肉不積臀」（No fat touches my lips, no fat touches my hips），結果那是毫無根據的胡扯。你可以閱讀食品包裝上的熱量標示而得知吃進它們會增長多少體重的事實。

有時人們會有意隱瞞或逃避事實。這麼做有政治上的理由：他們發現由事實得出的結論對他們的個人目標造成影響。這種情況在國家或地方政策討論上更是明顯——我讓你自己想例子，我相信例子俯拾即是——但也很常發生在公司或家庭中。

## 依據意見做決策的陷阱

在公司，你可以看到人們為此惹上麻煩。他們召集小組進行腦力激盪，得到一份長長的處理事項清單。接著他們開會討論優先處理次序，依據的通常是人們的主觀意見。或許每個人投三票，清單上獲得最多票數的事項勝出。要是他們用數學方法算出哪個項目可能具有最大的客觀影響力，然後據此優先處理，不是更好嗎？我們可以藉由事實這麼做，以決定哪個項目為公司帶來客觀標準上最大的價值。

基於意見的決策誤用到實務問題上，會妨礙進步。舉例而言，我這個城鎮的居民把小孩寄放到你家參加孩童遊樂聚會時，會相當牽掛你家裡有沒有槍，反倒不大在意你家裡有沒有游泳池。槍很可怕！游泳池很好玩！其中一項比另一項更可能要了你家小孩的命：是哪一項？你對此的判斷有無摻雜情緒反應？鯊魚也是一樣：牠們也很可怕！不時有鯊魚出現在鱈魚角，人們嚇壞了，他們擔心這件事的程度遠超過餐後酒駕回家。如果你想要保護孩子的安全，卻非依據事實來優先採取某些防護措施，那麼你只是在浪費資源，反倒還可能置你所愛的人於無謂的險境。人們相信對鯊魚的擔憂是有憑有據的，他們看過鯊魚撕咬，知道鯊魚能殺死人。但這並不表示他們是基於適切有效的事實來做決定。

當你沒依據事實做決策時，工作與家庭生活都會變得費力。當你耳聞的都是別人的意見，你正處在令人羨慕的位置上，必須根據你對他們的信任程度決定誰的意見可採納、可投資。你可能得考慮誰有偏誤，誰有個人目的。直到你解決問題的方法轉為關注事實之前，你都會膠著在這個困境中。

## 質疑意見

有人曾經問我，要如何根據事實，在不激怒對方的情況下質疑他人。首先我要說，在我的經驗中，比起必須決定該信任誰，要他人向你清楚說明他們的事實從何而來，還比較不緊張。不過我當下的建議是，詢問對方你要如何以團隊身分向外界人士證實這項決策：我們需要哪些事實佐證我們的決定？這麼做能讓你處於團隊合作的位置，而不是在暗示你不信任某人。

不管我們是在解決技術問題、經營問題，還是健康問題，解決問題高手不達到基礎事實絕不甘休（見表8.1）。為了獲得事實，他們緊迫釘人，絕不放棄。他們絕不接受任何對事實的意見或假設。他們之所以能在解決問題過程中建立共識，是因為他們在每一階段都用相關的事實來佐證決策。

## 良好與不良的發掘事實

挖掘出能產生洞察與決策的資訊，是每一件解決問題行動的核心骨幹：你在現場習得改變或修正問題所必需的事實。往對的方向發掘事實，能產生明確可及的指引，帶你直通根本原因；不良的發掘則會混淆你，讓你迷失方向。

一次我們與一家製造公司合作，他們販賣特殊零件給其他企業。他們原本計畫將廠房從西歐遷至東歐，以圖較低廉的勞力成本。會計帳上在那一半呈現的事實很明確，但他們沒檢查另一半帳目，以致差點鑄成大錯。

他們得知遷廠會影響到他們的訂單履行時間這項事實，發現時間會大幅增加。他們針對最重要的客戶進行意見調查後也發現，訂單履行時間長短是客戶最優先考量的條件。目前他們能達成的訂單履行時間正是客戶如此忠實的一大動

## 表 8.1 意見 vs. 事實

| 意見 | 事實 |
|---|---|
| 地球上有太多人了。 | 「地球上的人口超過七億。」 |
| 這是大多數人都覺得有利的決定。 | 這項決定能帶來最高的計畫投資報酬。 |
| 這人的行為會毀了他自己。 | 我對我看到的行為感到擔憂。 |
| 這地鐵實在很慢。 | 坐這條線穿越城市要花三十分鐘，我希望時間能縮短些。 |
| 機器太老舊了。 | 這台機器服役了三十二年，很難再找到替換零件。 |
| 你操作得太快了。 | 若每分鐘生產超過六十單位，會造成1%的瑕疵率。 |
| 我們試過，但沒效。 | 我們試過，然後觀察到後續的問題。 |

因。他們取消遷廠計畫，不僅因而省下大筆時間、金錢與預支的投資，還將資金轉投於縮短訂單履行時間上，使得他們在市場上更居優勢，並在路線完全不同的另一項商品上，提升了獲利。

## 深掘資料

首先，你需要確保你所收集的資料確實反映了現實。尤其在資訊豐富的環境中，解決問題高手會質疑感應器的資訊串流或研究資料等等是否有提供事實。解決問題者通常面對的是已經高度處理過，也許不再能代表基礎相關事實的「數據」。

幾年前，我的幾個小組成員與一家高性能塗料公司合作。該公司的電話成天響個不停，都是生氣的客戶打來的，有些客戶甚至惱怒到更換了供應商。他們的客服人員從小道消息得知有些客戶抱怨送貨延誤，但管理資料顯示他們的準時完成率高達98%。那表示一百件客戶訂單中有九十八件都準時送達，訂單也沒有缺漏。這樣的達成率在這家公司算是頂尖的成果，因此他們頗為困惑。或許五十份訂單中有一份訂單出錯或延遲，已不再是可接受的服務品質？

我們檢查客服電話通聯記錄時，發現幾乎所有問題都與送貨延誤有關，於是我們對報告的準確度起疑。小組根據一些送貨報告深入研究程式，發現系統是根據最終調整後的預定運送日來計算準時完成率，而非根據客戶最初要求的日期。客服主管會與客戶協商，調整成公司可行的日期，用這些「更新」的運送日來建立報告。小組修正程式後，發現準時完成率只有37％，他們因而能夠用這份正確的計算結果找出整個網路的問題的重要模式，來協助解決關鍵問題——就是這些生氣的客戶。

## 選擇對的信賴水準

在判斷你所查看的資料能否代表事實時，你也必須揀選適當的信賴水準。我見過有人在將這個標準定得過高，也有人定得過低。我共事過的有些人覺得他們需要非常高的統計信賴值來檢驗某項成本與風險皆很低的事物。我也見過有人用單一測量法便決定一個變項合乎規格（意即，位於問題不會發生的範圍內），但事實上該變項時時變動。

這種事也常在家裡發生。幾個月前我發現廚房裡的餅乾太快吃光了。我有四個孩子，他們有時會拿些餅乾當零嘴或甜點。我們每次買一盒超值裝的餅乾，通常能撐一個禮拜，但當時不到兩天就見底。

一天傍晚我穿過屋子時，聽到廚房傳來聲音。家裡有孩子時，你已習慣隨時聽到聲音，也不再在意。然而這次的聲音聽起來顯然在昭告「孩子正在藏東西」，於是我放輕腳步走進去，打算逮捕現行犯。我家老么的手正插在餅乾罐子裡。當下我要是認定所有消失的餅乾都成了她的睡前點心，她就會為這項不公的判決大感不滿。不過，看起來她不可能每天晚上都摸走其餘十塊餅乾：一次正確觀察到她拿走一些餅乾，並不表示我們掌握所有的相關事實。當然，就如我隨後確認，大多數的餅乾消失案是她三個哥哥下的手。

## 檢查相關

你要尋求的事實應該與你的問題有高度相關。我經常看到人們埋首於電腦跑出來的資料堆中，希望這串或那串數據能指出有意思的相關（correlation）。利用統計分析當作工具沒有錯，使用這項能力輾過大量數據，也能持續減少成本。然而，認清楚，依賴這項工具就是在猜測。

所以，相關事實是什麼？是即將回答你詢問的問題的事實，能帶你進入解決問題流程的下一階段。當你找到一個特定變項，你需要獲得事實以理解該變項的行為及控制它的事物。別分心到處碰，試圖測量你所看到的每件事。

「早些時候」，在便宜感應器與大量資料出現之前，解決問題高手很擅長取得事實。今日要成為解決問題高手，你不該盲目依靠資料串流。當你必須花時間親自去測量某個東西時，你的大腦會更加仔細思考你所測量的事物，而不是預設成將現有訊息照單全收。在某種程度上，這事關專注與紀律。

## 避免確認偏誤

獲取良好事實所面臨的最後一項主要風險，是我們自身的偏見。儘管我們不常檢驗一項基於我們對問題起因的意見或假設而得的解答，確認偏誤還是可能折磨任何的解決問題行動。我相信你已經在公司團體和政府政治中見識過了。解決問題高手知道如何辨認是不是自己的情緒或偏見在擋路。

一天早上我正在幫孩子們打點準備上學，卻發現有一人顯然身體不適。我覺得相當可疑，因為他的課業似乎進步不大，而那天他得做些完全不投他意的事。我想可能是要背誦。他好幾天沒去學校了，我覺得他被高年級生欺負。學校教職員似乎一致認為他在裝病。

我睿智而耐心十足的太太決定幫他量體溫。在我們為了「解決問題」的討論中，量體溫這件事直到這個時刻才被提及。你瞧！量到的體溫是攝氏三十八度。不是世界末日等級，但體溫計確實證實孩子該請假在家休養。事實戰勝了基於偏誤的意見。

## 適時適地測量

這些行為傾向彼此強化，而在這裡是真的。追本溯源將會確保你理解起先必須測量的變項。嗅聞問題與建立強力的故障模式，將幫助你理解自己是在什麼情境脈絡下測量變項，以引發洞察。舉例來說，如果你在壓力大的情況下心臟會出問題，你會想要在醫生診間之外的有壓力狀況下測量心電圖。（對我來說，待在診療室內的壓力也很大！）如果你需要測量一台間歇性失靈的吹氣成型機的氣壓，要確認你是在問題發生時測量。

我先運用個案研究讓人們認識難題，接著要他們前往真實生活解決問題以測試新技巧。這是訓練人們搜尋正確資料、進行正確測試的大好方法。幸運的是，生活中永遠不缺未解的問題，但在受控制的環境中學習，比起到真實世界中亂灑資源胡搞一番，能省下許多寶貴的時間。

沒有什麼處方能直接告訴你，你手上的資料是不是對的事實。挑戰你的事實的有效性，避免假設與意見，用對的方式測量對的變項，這就是全部的技巧了，它們全都需要練習。

## 現在：依據事實做決策

挑一個你所面對或你正在處理的難題。寫下你所知道的相關事實，也寫下在你周遭流傳的種種意見——或許來自你內心。現在，質疑你的「事實」，看看其中哪些其實是你的意見或確認偏誤的結果。假如你夠勇敢，將這套試用於一項公眾議題上，並與別人分享，好讓他們幫助你檢視。

---

註釋：

❶ Michael Lewis, *Moneyball* (New York: W. W. Norton & Company, 2004).

# 第9章　緊守目標

簡約是複雜的極致。

——李奧納多·達文西（Leonardo da Vinci），十五世紀畫家暨發明家在複雜系統的難題中，可能有上千個潛在變項要檢視，更可能有數十萬個潛在根本原因。你的追尋根本原因的旅途伴隨著種種令人分心的事物，會領你繞遠路或直奔災難。要解決難題，你要能迅速且持續地專注行動。你要特別留意緊守目標，避免分心，並確保自己在簡化問題。

## 擴張的問題

解決問題高手所做的是依照方法找出根本原因，運用過程中所得的知識與事實，消去大量潛在根本原因與諸多追究方向，而無須逐一直接研究。這件事的重要性，及其效力之強大，我強調再多次也不為過。在我所見過的大多數解決問題行動中，根本原因分析步驟是項**擴張**的步驟，許多想法在此階段產生，接受檢驗。這樣的做法立意良善，希望一網打盡，萬無一失：我們可能試著提出所有可能的根本原因，一一檢驗。

在第 1 章〈停止猜想〉提到食品加工廠的例子中，團隊被問題的擴張搞得動彈不得。當我們抵達時，他們已經列舉出超過兩百個潛在可能原因，也已經檢查過近半的項目，解答仍遙不可見。這樣的行動讓他們浪費了好幾個月的時間與數百萬的金錢，還在測試解答的過程中產生全新的問題。當我們應用方法消去高階次變項後，我們能夠在幾天內相當迅速地排除幾乎所有的猜想。順道一提，根本原因完全沒有出現在他們那兩百條猜想中。

傾向擴張的動機是天生本能：我們的社會化訓練讓我們考慮所有可能的風險與所有可能出錯的環節。要是我們沒有更好的方法，這倒不失為最可行。甚至有許多正式的問題解決法積極鼓勵在解決問題過程中盡量擴張可能性。如我先前所說，擴散性思考在你要創新事物時很棒，但在你要解決實務問題時毫無幫助。解決問題高手反而會減少並消去可能性，以便能緊守目標。他們是簡化問題大師。

## 持續緊守目標

回想一下第5章〈追本溯源〉的草長問題。我們能夠判斷出，草長是依上次割草後所餘的草長、草的生長速率與距離上次割草的時間而定。

遇到這個問題，我們的本能會非常想要瘋狂擴張樹狀圖，因為完整了解某樣事物能獲得滿足或成就感。但我們的任務在於有效找出根本原因。因此，我們不去擴張每一個變項，反而是要看看能否一開始便消除某些「高階」變項。被移除的每個變項底下所延伸的許多個次變項，也都能因而忽略不計。

由於草長問題是個假想問題，我們可以做點手腳，像是假裝我們已經有一份草的生長速率記錄。為了便於討論，就說我們已經重新測量草的生長速率，每週速率皆相同，因此與我們的新問題無關。我們上週剛割過草，而且我們每週都割草，但是草還是太長。於是我們可以完全消去草的生長速率與割草時間的變項，免於去追探控制這兩個變項的根基。這項流程顯示於圖9.1，打×代表不合格的變項，打✓代表合格的變項。

在此我們已經迅速消去幾乎所有的變項與潛在根本原因，完全無須探索。我們不必管蟲子、雨水、陽光等等，問題也已經簡化。一旦我們排除生長速率與時間變項後，原因必然是在於上次我們割草後的草長太長。

既然上次我們割完草後草還太長，那麼要嘛是割草機的刀刃位置太高，要嘛是刀刃碰到草時草的偏斜角度太大。請再次注意，在下個步驟，我們將繼續簡化範圍，限制在最高階的控制變項（見圖9.1）。

**圖 9.1 上次剪草後的草長的控制變項**（尚未測量的空白變項）

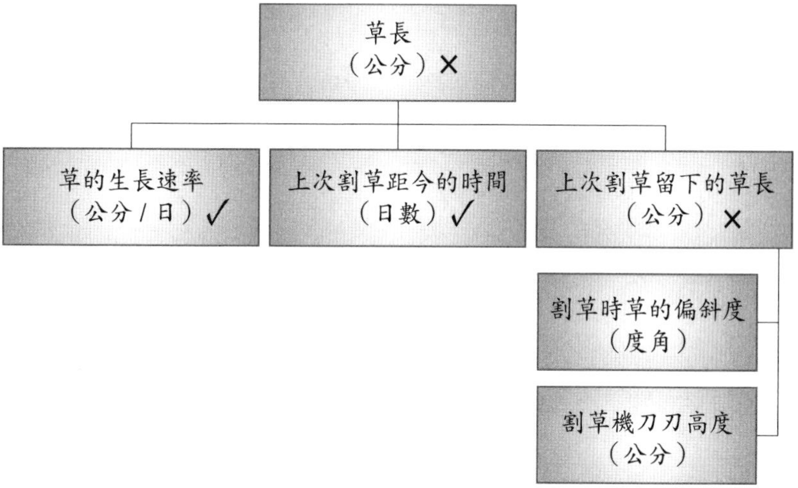


如果我們緊守目標在這兩個變項上，我們會發現不是割草機的刀刃太高，就是有什麼事物導致草過於傾斜（可能是刀刃鈍了、草地過濕等等）。

這便是簡化與緊守目標之美：藉著消去最接近原初變項的變項，我們馬上排除許多潛在根本原因，也能免於到處收集資料或深掘流程或系統的每一部分。

當然，要找出維持草坪整齊的方法，倒不必這麼嚴謹。但是當我們從相當簡單的問題邁向相當困難的問題後，控制原初變項的變項數量將會暴增。人們有時排拒這樣的嚴謹性：他們習慣跳過一些步驟以快速解決簡單問題，因此他們也想用同一招來處理困難問題，認為可以速戰速決。可能可以快些「讓你動手做」，但無法快點讓你觸及真正的根本原因。我寧願你在這裡學到，總好過在學校遇到難關過不去，碰得鼻青臉腫，人人都對你失望透頂後才學到。

## 簡化的力量

讓我們考慮一個複雜得多的系統，其根本原因可能深埋在樹狀分析圖好個分支底下。透過測量與消除高階變項，你會看到我們可以忽略大多數的低階控制變項。如圖9.2所示，×記號表示經測量為不合格的變項，✓記號表示經測量為合格的變項，沒做記號的白框表示我們完全不必鑑定或測量的變項，因為它們控制的是合格變項——因此我們完全不需要關照它們。

請注意，鑑定出樹狀圖上層的合格變項，能馬上排除幾乎一整排可能性：這就是理解十分複雜的系統並將之簡化到可管理、可解決的做法。許多問題解決法

## 圖 9.2　消除其餘變項後的完整變項樹狀圖

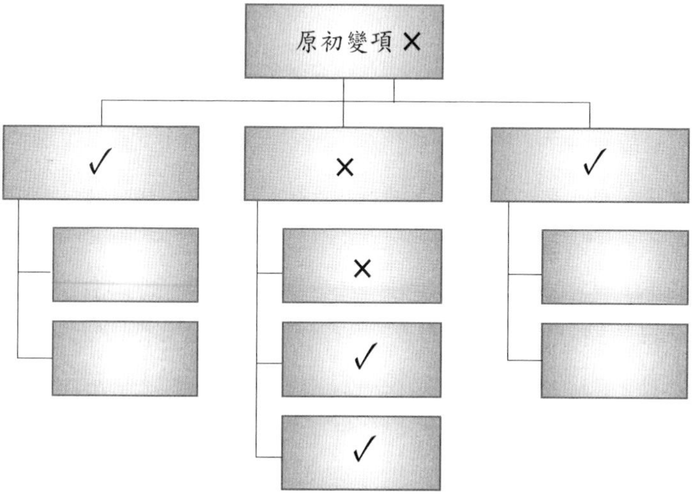


以此類推

並不支持這項行為，我極度推薦你們使用支持此行為的解決法。

讓我們改而思考一份潛在分析圖，在該圖中我們已經廣為判定所有的潛在變項，一直到最基礎，完全保留，沒有在高階層消去任何一項。這樣我們就有數百或數千個變項要說明。

想像你試著測量並徹底理解全部這些變項，或猜測孰輕孰重，這幅景象有點荒唐。幸運的是，你不必建立這些龐雜蔓生的樹狀分析圖來解決你的問題。緊守目標表示只要理解並測量你所需的部分以便能鑽研至根本原因，找到簡單解答。

以這種方式規劃你的工作，能讓你有信心堅持下去。解決問題高手知道，他們用來理解與簡化問題的每個步驟都會讓他們更加理解根本原因。他們不會只因目前還摸不到邊就慌張失措；當他們冒出猜想時，他們會繼續遵循規則，不隨意跳過步驟。如果他們卡關，他們可以退回上一步。

這種做法也意味著解決問題團隊在得到答案之前也能衡量並展示進展。他們不衡量他們檢驗了多少猜測；他們衡量進展靠的是得知哪些變項合格、哪些不合格，進而理解並加以消去或擴張。這個結構讓他們能理性地組織團隊做事，根據應有的資料分派行動，設立他們能負責的目標。每個已理解的變項，不管是消去或擴張，都明確標誌了重大進展。

讓我們回頭看看前言提到的捲筒衛生紙收縮膜包裝機。我們知道要找什麼，因為我們已經排除其他可能。我們知道機器是怎麼設計來控制包裝形狀，排除所有疑點，只除了在機器上一個特定部位造成破裂的神祕力量。因為我們知道這道力量**一定**是塑膠膜撕裂的原因，技工才能明確具體去尋找它，找到它。我要你領會，憑著猜測是完全不可能猜到「或許有顆鬆脫的螺栓會振動著伸入滑槽」。確實理解什麼會發生、什麼不會，能讓所需的心力與資源集中去解決問題。

當你從樹狀圖往下移，要牢記的是導致故障的變項可能不只一個。所以，如果你不能在某個階段只保留一個變項而消去其餘的，別慌張：你可能得處理多條路線。有些問題必須要兩個不合格變項同時合格才能解決，單單調整其中一個並無法進展。我曾與一家日用品製造廠合作，他們用來密封袋子（利用熱壓）的機械臂有兩個向度的角度不對，只調整一邊，幾乎沒有改善。儘管如此，要記住，當人們開始列舉一長串待修理事項時，幾乎就可以確定他們是在猜測。當有人能夠示範說明某些變項不合格，並能用物理學原理解釋變項如何直接影響問題時，你就知道這不是猜想列舉法。

反覆深掘與簡化，是通往根本原因的正途。當你在鑑定、理解並測量你能直接掌控變化的不合格變項（像是「螺栓現身」或「軸封沖洗管的交叉區」）時，你會知道你已經找到了根本原因。知道事物為何失控，能讓你很快研擬出高明解法。別在高階層「解決」你的問題，你會為此花大錢。緊守目標，繼續挖掘，直到你找到簡單的根本原因為止。

## 孰能無過

幾年前，我的微波爐罷工了。面板一片空白，好像內部有什麼東西燒掉了。我拔起插頭插到另一個插座測試電源。沒作用。我把插頭插回原來的插座，發現漏電保護斷路器跳開了。我重設，微波爐還是沒反應，不過我把電話的電源插頭插到第二個插座上，能通電。插座的電是通的，而微波爐仍然沒反應，這點讓我推論出電器內部燒壞了，可能因而連帶觸發斷路器。因此我付了幾百塊美元錢買了一台新的微波爐，碎念著現在的產品沒以前那麼耐用了。我把新微波爐的插頭插上去，仍然沒反應。我忽然明白我搞錯了：兩台微波爐都壞掉的機率有多高？

我在大學念的是工程學，多具備了一些專門知識，無疑導致我直接做了錯誤的結論。匆忙之間，我沒真的將舊微波爐插到確定通電的插座上測試過。原來，根本原因是原先的插座線路壞了。多出來的那台微波爐還在我家車庫裡——結果它們相當耐用。學會虛心的一課教訓也相當持久。

你會犯錯，錯估某些變項。你必須適應這點，做好回頭、質疑、修正自己工作的準備。

## 現在：緊守目標

人生中總是有事情會令你從眼前任務分心。明天再做，諸如此類。找個有人正在談論某個議題的場合看看，人們總是岔題，最終會收在完全無關的話題上。注意你自己是如何在處理一件事時發現有其他的事要做——像是把碗盤放入洗碗機，接著你發現地板該掃了，過了一會兒你卻在整理衣櫥。注意並排除令你分心的事物，能讓你在面對下一個複雜問題時緊守目標。

# 第10章　選擇方法

明智地選擇，因為真的聖杯會賜與你生命，但假的聖杯會奪走生命。

——聖杯騎士，《聖戰奇兵》（*Indiana Jones and the Last Crusade*）

僅有少數的解決問題者具備天生的直覺，能僅憑有限的外部結構或指導獲得成功。當我們向他們展示一套良好的問題解決法時，他們納悶那有什麼了不起，然後回頭繼續工作。

但對我們大多數凡人而言，正確的結構很重要，但若沒有依循對的技巧和行為，仍會事倍功半。我在本書中已好幾次提到過，一套強有力的問題解決法能幫你持之以恆地應用我們所提到的行為。當你面對下一個難題，以及當你需要解決較不難的問題時，這都非常重要。

一套強力的方法能在好幾方面幫助你。

首先，在解決問題時幫助你應用正確的行為。

第二，讓你持續穩定練習以便更快進步。

第三，提供一套共通語言與結構，讓你便於訓練別人或接受訓練。

第四，當你卡關時能助你調整方向，當你犯錯時能助你退回上一步。

最後，在你要為你的解法爭取支持時，能助你邏輯清晰地提出說明。

## 選擇方法的判準

我不打算告訴你，你應該選擇哪一種方法才正確。坊間可以找到的方法有很多，要是我每種方法都去深探究竟，再針對每個人給予適合的建議，實在有點愚蠢。再說，不同的解決問題者會採取不同的方法，可能只是因為那套方法適合他的作風。這些都沒問題，只要方法能符合我接下來要討論的判準。最終，當你鍛鍊技巧時，你會越來越少依賴某種特定的方法，越能彈性使用周遭他人所應用的方法。不過要成為解決問題高手，你需要堅持積極使用你已經努力練習到深印腦海的行為。

想要學會解決難題，以下是一些選擇的指引：

首先也是最重要的，**確認你選擇的方法並未鼓勵你在根本原因分析時期進行猜測**。幾乎所有的方法都鼓勵，於是這可以馬上刪去絕大多數的選項。不幸的是，大多數方法都用一些很炫的名詞來偽裝猜測階段，像是「決定可能的根本原因」之類。這就是在列猜想清單，在此我希望你讀了這類指示然後宣告：「見鬼了，我幹麼非這麼做不可？」就算是提出「假說」，也是在猜測，儘管用上了科學術語。要是任何一種方法要求你列清單、「想出」什麼東西、提出假說，就把這樣的方法拋棄、避開。

第二，**尋找一開始便專注在問題上的方法**。這會引導你將時間花在逼近真正的問題，理解實際運作情況，建立故障模式。有些方法以數行文字帶過這點，有些則貢獻出數頁篇幅。嚴格來說沒有孰優孰劣之分，我見過許多方法在這點都做得很好。如果你將注意力放在培養能力上，那麼你很快就會明白這些指導對你的助益有多大。在為較大的決策團體選擇方法時，你需要兼顧高潛力者與初入門者的需求，不要顧此失彼。如果你是要解決難題，我建議偏重高潛力者的需求，並確認你在必要時讓其他人也能跟上。

有些方法著重在挑選合適的團隊成員、爭取支持等等，要小心這類方法。它們對政治問題很有用，尤其是本質屬於零和競賽及很難對實際目標達成協議的問題。然而，這並非解決困難流程問題的核心差異（core differentiator），尤其在通常能依據事實對策略目標達成共識時。同樣，無休無止地聚焦在確保解決方法的有效性上，也表示該方法不足以用來實際鑑定真正的根本原因。

最後，**問問自己，你所尋找的問題解決法是不是鼓勵你有效利用你所學的一**

**切解決問題行為**。挑選一套好的方法，實地操練，以此記錄下你解決問題的歷史，你絕對能不斷進步，成長為解決問題者。你要如何知道自己的選擇是正確的？測量你在發展解決問題技巧上的進步程度，最重要的是，你成功執行的高明解法的數目。

牢牢記住，你所選來指引你的方法，若缺乏有力的行為配合，也是無用武之地。有些方法多少會指導你適時應用某些行為，但你應該盡量在你選擇的方法（見表10.1）中全面應用這些解決問題行為。一如菜刀不能成就名廚，方法也不會成就解決問題高手。使用一套方法來練習，但不要依賴它以求成功。

## 許多方法鼓勵猜測

以我個人的經驗，我發現大多數的問題解決法還是會在某些流程中推廣猜測法，只是以喬裝偷渡的方式。

這些方法無論好壞，都具備幾種典型的泛用步驟：

**表 10.1：問題解決法的分類**

| 你用的是哪種問題解決法？ |
| --- |
| **結構式猜測**。這些非常簡單的方法提供一些組織化的結構用以猜測，例如：<br>• 分類（魚骨圖）<br>• 持續不懈（例如「五個為什麼」）<br>• 合作（各式各樣的腦力激盪）<br>它們能加速某些簡單問題的解決進程。 |
| **故障模式**。這些方法使用更多結構來協助解決問題者建立強力的問題描述與故障模式。一般包括：<br>• 一系列照步驟來（step-by-step）的待回答問題<br>• 以直覺判斷某些潛在根本原因的步驟<br>• 協助增進猜測的品質<br>• 避免讓解決問題者猜想出特別不可能存在的潛在根本原因<br>這些方法適用於難度中等的問題。 |
| **第一原理（First principles）**。這些方法也可能包含有助於建立強大的問題描述與故障模式的結構。它們包括以下的鮮明特徵：<br>• 將解決問題者指向分析問題的控制變項，作為黑盒子（或獨立因素）<br>• 反覆進行，直到發現一項可改變的失控因素可鑑定為根本原因 |

- 鑑定問題及其故障模式
- 尋找原因
- 執行解法

別因為你具備以上這些高階步驟就產生安全感。絕大多數方法會在某些點轉為猜測。這是為什麼？我頂多能理解其中有兩個原因：第一，大多數人太習慣猜測，以至於在撰寫問題解決方法書時將之視為理所當然；但是第二，許多問題解決法是設計來解決簡單問題的。你必須讓有動機的人願意發展技巧以有效使用一套完全不作猜測的問題解決法。

對於較簡單的問題，找到模式進行猜測，已足以應付——你可能運氣好，也擁有所需的一切資料，或者能輕易猜到該測量哪裡，而模式已能得出原因。**但是無論你在何時讀到一種方法中有類似「判斷可能的根本原因」步驟時，你就必須對這套方法提高警覺了**。判斷這樣的清單用意為何？無中生有？還是更糟糕的，等著別人來猜測？

## 變項分析

大多數的問題解決法都不適任，頂多只能讓你解決簡單問題。好消息是，仍有幾種方法能勝任困難問題。我不會在此一一列出，也不會將其分類，因為太難面面俱到。表10.2是我常用的一份針對變項分析的概述。

你可以看出它沒提供什麼指示，與今日常見於企業界的一些方法相較之下尤其明顯。我愛用它的一個理由是這套方法很顯然在鼓勵你運用正確的行為，而非暗示你只要恪遵某些特定方向就能不經思考達到目標。

我喜歡這套方法有幾個原因。首先，變項分析幫助你記得從妥善定義問題與仔細了解問題開始，不必先行考慮有什麼可能的解答。第二，它引導你只去搞懂系統的不合格部分，略過你完全不必摸透的其餘90至95%，省下你不少時間。它讓你能迅速發現哪些高階變項是受控的，因此能專注心力在別處。最後，它不花大把精力在「保證解答長期有效」等等，因為只要你能明確理解根本原因，那其實是小事一樁。

甚至對解決問題高手而言，不管你什麼時候方向偏了，結構都是相當可靠的

**表 10.2：變項分析**

| |
|---|
| **1. 定義問題。**<br><br>a. 你試著解決的問題是什麼？<br>b. 判斷原初變項。<br>・仔細審視故障點或做壞的產品<br>・你想要改變哪個可測量的特性？<br>・有可能用更特定的變項來定義問題嗎？ |
| **2. 描述問題：詳細描述問題。**<br><br>a. 問題看起來是什麼情形？<br>b. 問題何時開始出現？<br>c. 問題發生的頻率？<br>d. 問題最初發生在何處？<br>e. 你何時位於何處會無法看見問題？ |
| **3. 畫樹狀圖**：理解流程如何運作，以發展出每一階層的次變項。<br><br>a. 流程如何控制原初變項？<br>b. 還有其他事物能決定原初變項的數值嗎？<br>c. 我們能結合任何次變項嗎？ |

## 4. 從樹狀圖消去次變項

a. 要避免問題發生，每個次變項應為什麼數值？

- 每個次變項與原初變項之間的關係為何？

b. 消去不會導致問題發生的次變項

- 在故障時次變項的確實數值為何？不故障時又為何？
- 你能做什麼測試來消去難以測量的變項？
- 故障模式告訴了你什麼？

c. 擴張未被消除的次變項（重複步驟 3）

d. 從故障模式指出最可能導致問題的次變項開始著手

e. 繼續擴張與消去次變項，直到你發現能直接控制的（單一或多個）不合格變項

- 你能確實解釋不合格變項如何直接造成問題嗎？

f. 如果你卡住了……

- 你是否消去了某個不該消去的次變項？
- 你是否漏掉某個次變項？

## 5. 實行解答

a. 實行解答

b. 確證解答有效

支柱。在卡關時，它能幫你重新聚焦。然而，有太多結構淪為死板的核對清單，不讓大腦發揮作用，沒保有任何思考或發展洞察的餘地。你使用的解決問題結構應該是指引方向，而非步步下令的食譜或操偶師。

## 現在：選擇方法

如果你目前正在使用某套方法，現在判斷一下它是否夠健全到能協助你解決難題。是的話，太棒了！繼續實行並練習那些行為。如果還不夠健全，或者你還沒找到一套方法，那就做點研究，找一套你喜歡的方法。或許問問你的朋友，看看他們有什麼建議，然後評估。

接著，去實地練習吧！

註釋：

❶ Steven Spielberg, *Indiana Jones and the Last Crusade* (Paramount Pictures, 1989).

❷ 你能在 http://www.stopguessingbook.com 了解更多有關變項分析的內容。

# 第11章　實地解決問題

僅算稱職的寫作者投入大量努力與奉獻，假以時日是可能晉身成好作家的。❶

——史蒂芬・金（Stephen King），《論寫作》

本書的整體重點是在幫助你培養發展出解決問題的能力，並讓你能從根本解決問題。我遇見的每個人都是自己生命中的解決問題者，每個人都具備尚未開發的解決問題潛能。在本章，我要討論最後一個案例，也是我目前為止非常喜歡的一個案例。

我的編輯史蒂夫在讀本書初稿時，家中正遭遇一個棘手的問題。他在針對起頭幾章內容回覆我一些心得時，順便把那個問題告訴了我。

史蒂夫裝了個車庫門開關裝置，方便他更快進出。車庫門可以透過通往正屋的門邊牆上的開關來操控，也可以用遙控器操控。前陣子裝置出了問題，開關門時都會發出可怕的嘰嘎響聲，聽起來彷彿快要爆炸了。他和他太太認為需要找師傅來處理，這樣應該會花上兩百美元。

然而，當史蒂夫讀了第 2 章〈嗅聞問題〉後，他決定：「好，我要來嗅聞問題。」他通常是在車內或門邊按開關，從沒親身靠近車庫門過，因此他只能聽到嘰嘎聲。他決定拿著遙控器站到車庫門邊去看看門開時究竟發生什麼事。

試了幾次之後，他發現門在開或關時會卡住某個東西，導致門欄晃動、使馬達運轉得很吃力。他更靠近查看後，發現原來門卡住了一個大垃圾桶，而大垃圾桶之所以會太靠近門而卡住，是因為有個檔案櫃不知為何被推到垃圾桶原先的位置上。

史蒂夫將所有事物歸回原位，並向家人傳達這項「實行結果」以確保物件不會再被挪動。生活狀況改善了，錢省下了，史蒂夫大為激奮。

你不必得是解決問題大師，也能解決自己生活中遭遇到的各種問題。當你面臨問題時，只要認出它是可解決的，然後立刻著手進行吧！請將你的成功故事分享給我！

## 解決問題者的精神分裂症

當你踏出第一步——以及在你解決問題之路上的每一階段——我的臨別建言也正是我訓練解決問題者多年以來所告訴他們的事。毋庸置疑，要是你不相信你能解決難題，那麼在碰到麻煩事時你便會聽天由命——而且你一定會碰到麻煩。這就是它們之所以被稱為「難題」的原因。

不過我也發現，盲目的自信會使人懶散。如果你相信成功必然在望，就不大可能拚死拚活去達成。信念的力量對難題當然無效。只是認定你能解決某事，不表示你真的解決了它。

我所認識最厲害的解決問題者，會在腦子裡保持矛盾對立狀態。他們同時秉持兩種信念：他們擁有解決問題所需的技巧，而同時也擔心自己要是不時時保持警覺，下一刻就迎來失敗。他們有信心能正確深掘問題並親自動手，勇於跳進不熟悉的情況，主動探索全新的處理程序或科學知識；而同時他們也知道眼前攤開的任何一條可行路徑皆未通向成功。他們必須自己開路，也擔心迷失。他們討厭失敗的想法，但心知難以避免。

這就是「解決問題者的精神分裂症」：信心與憂慮的殘酷共生關係。兩者共存能迫使你伸展發揮，而不會任你因恐嚇或懶散而退步。這層共生將你不斷往前推向未知領域，並讓你隨時保持頭腦靈光。

要培養信心，你只需要練習、練習，再練習，有個能提供協助與回饋意見的教練在身旁更是理想。要在恐懼中堅持下去，你只需專注在問題有沒有解決。「盡你所能」不應該是你個人成功的標準，「解決問題」才是。

## 最後建言

練習本書中的行為能幫助你建立解決問題的技巧。在你邁向解決問題高手的路途上，起起落落是難免的。你會犯錯。但是如果你持續不懈地練習解決問題行為，你將會累積一長串解決問題的勝利經驗，這將推動你繼續往前。

我無法保證你會成為世界上最厲害的解決問題大師。但無論你有多厲害，無論你有多少潛能，我相信你還會更強。所以，把本書放進你的口袋，找個人結伴同行，找件尚待修正的重大事項。

然後，去做吧！

---

註釋：

❶ Stephen King, *On Writing.* (New York: Simon & Schuster, 2001), p. 275.